schnell.durch.blick 1

Ihre Homepage mit WordPress 5.3

und dem Gutenberg-Editor

Von der ersten Idee zur praktischen Umsetzung in 7 simplen Schritten

Maria Best

ISBN: 978-1-0772-1654-9

Inhalt

Starthilfe

- Sie brauchen eine Internetseite, aber die vielen Fachbegriffe sagen Ihnen nichts?
- Sie haben bereits eine Domain, sich aber bisher nicht ran getraut?
- Sie können Computerprogramme ganz gut bedienen, aber »programmieren«...?
- WordPress ist die Lösung, nur wann können Sie sich durch Berge Fachliteratur quälen, die jede einzelne Funktion erklären?

Meine erste WordPress-Seite vor knapp zehn Jahren war ein ziemlicher Kampf. Ich wollte WordPress nutzen, um eine flexible und auch optisch ansprechende Portfolio-Website zu bauen. Ausgestattet mit solidem HTML-/CSS-Wissen und einiger Erfahrung im »klassischen« Webdesign legte ich los. Allerdings hatte ich wenig Ahnung von den typischen Blogs, außer dass es sie gab, irgendwo da draußen in der weiten Welt des Internets.

Dass ein Verständnis der Grundelemente von Blogs für die sinnvolle Anwendung von WordPress zentral ist, war mir zu diesem Zeitpunkt überhaupt nicht klar. So mühte ich mich damit ab, irgendwelche Layouts, die mir auf den ersten Blick ideal für meine Bedürfnisse erschienen, zu durchschauen und versuchte meine Vorstellungen damit umzusetzen. Es gab einige Fehlkäufe, viel Verzweiflung und noch mehr Wutausbrüche.

Mit diesem kleinen Leitfaden möchte ich Ihnen den Weg zu Ihrer WordPress-Website etwas erleichtern. Sie werden Fehler und Frustration nicht ganz vermeiden können, das gehört zu jedem Lernprozess. Sie können sie aber reduzieren.

Sie werden mit diesem Buch nicht zum WordPress-Profi, denn es erhebt keinen Anspruch auf Vollständigkeit. Sie werden nicht jede Einzelfunktion kennenlernen. Sie gewinnen solides Grundlagenwissen, das Sie im Anschluss nach Ihren eigenen Bedürfnissen erweitern können. Das Buch bietet Ihnen einen unkomplizierten Einstieg in das aktuelle WordPress 5 und den Gutenberg-Editor. Es ist das Produkt zahlreicher Praxisseminare zur Gestaltung und Umsetzung von Internetseiten mit HTML, CSS und WordPress. Es erklärt die zentralen Bausteine des Systems und richtet sich an Menschen mit begrenzten Zeitressourcen, die einfach pragmatisch ihr Ziel erreichen wollen.

Starten Sie mit einem simplen 7-Schritte-Programm direkt den Aufbau einer eigenen Website:

- Schritt 1: Einen passenden Plan entwickeln
- Schritt 2: WordPress installieren
- Schritt 3: Beiträge gestalten und so das WordPress-System und den Gutenberg-Editor kennen lernen
- Schritt 4: Seiten für zusätzliche Infos anlegen
- Schritt 5: Aus Ihren Inhalten ein Menü erzeugen
- Schritt 6: Ein passendes Theme auswählen und gestalten
- Schritt 7: Plugins und Widgets für Zusatzfunktionen einsetzen

Nutzen Sie dieses Buch am besten parallel zur Arbeit am Computer. So können Sie direkt die einzelnen Schritte ausprobieren. Illustrationen der wichtigsten Aspekte helfen beim Verständnis des Textes. Fallbeispiele zeigen Ihnen die praktische Anwendung. Sie dürfen gerne vor und zurück springen. Manchmal müssen Sie es sogar, denn wie so oft im Leben, Alles hängt mit Allem zusammen... ;-)

Fehlt Ihnen eine wichtige Information, haben Sie Verbesserungsvorschläge? Schreiben Sie mir eine E-Mail an: mail@mariabest.de – und nun viel Freude beim Lesen und auf zu »ihrertollenseite.de«!

Maria Best

[1] Der Plan – nur was für Langweiler?

Was WordPress Ihnen bringt

Wir wollen uns zuerst kurz mit der Grundidee von WordPress beschäftigen, denn sie bestimmt die Gestaltungsfreiheit, die wir bei der Nutzung von WordPress haben. Dazu gehört auch der neue »Gutenberg-Editor«. Sie erfahren, wie Sie herausfinden, ob der Wettbewerb ebenfalls WordPress verwendet, wo Sie sich allgemein schlau machen können, und wie Sie vorgehen, wenn Sie kein Blog machen wollen. Anschließend müssen Sie nur drei Fragen beantworten und schon haben Sie einen ersten Plan für Ihre Website.

Was ist WordPress und wie funktioniert es?

WordPress hat für die Herstellung von Webseiten große Beliebtheit erlangt. Es ist kostenlos und für jeden Anwender mit guten Computergrundkenntnissen leicht zu erlernen. Sie müssen keine Programmiersprache studieren, die Installation des Systems WordPress können Sie meist bei Ihrem Hosting-Anbieter mit wenigen Klicks durchführen.

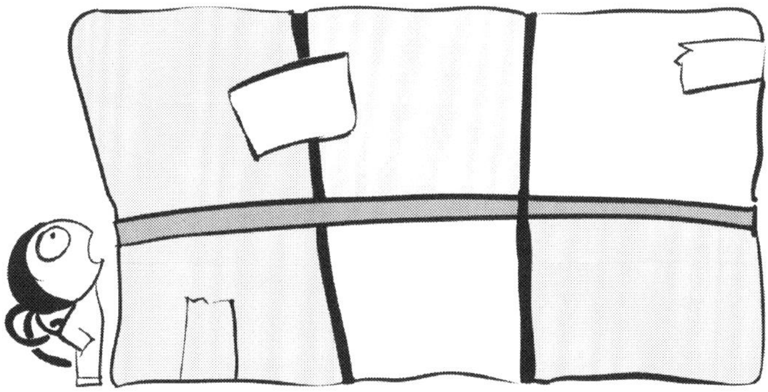

Wer ein paar HTML-Kenntnisse mitbringt, wird sich an manchen Stellen leichter zurechtfinden, aber diese kann man sich problemlos im Laufe der Zeit aneignen. Trotzdem steckt wie immer der Teufel im Detail. Wenn Sie spezielle Anforderungen an die Funktionalität und das Design Ihrer Website haben – und wer hat das nicht! – müssen Sie bereit sein, nach und nach tiefer in die Materie einzusteigen und sich die notwendigen Kenntnisse anzueignen. Außerdem müssen Sie sich darüber klar sein, dass eine Website fortlaufende Pflege erfordert. Plugins, Themes und das Grundsystem müssen aktualisiert werden, neue Inhalte eingepflegt oder korrigiert werden. Bei kleineren Projekten ist das kaum eine Stunde pro Woche, bei großen Firmenseiten wird daraus schnell eine feste Stelle.

WordPress – ein typisches CMS

WordPress zählt zu den Content-Management-Systemen (kurz CMS = Inhalts-Management-Systeme). Mit einem CMS können Websites und deren Inhalte erstellt und verwaltet werden. Die Grundidee von Content-

Management-Systemen ist die Trennung der Inhalte vom Layout dieser Inhalte.

Dabei werden Inhalte (Texte) und bestimmte Einstellungen Ihrer Seite sowie Informationen zu den hochgeladenen Medien (Bilder) in einer Datenbank abgespeichert und nach Bedarf auf der Website angezeigt. Die Bilder selbst werden bei WordPress in spezielle Upload-Ordner hochgeladen.

Als Besucher*in einer solchen CMS-Website sehen Sie das sogenannte »Frontend«, also die Darstellung der Website im Browser. Als Gestalter*in der Website bearbeiten Sie die Inhalte und Optik dieses Frontends über eine eigene Benutzeroberfläche vom »Backend« aus. Diese Benutzer- oder »Administrations«-Oberfläche rufen Sie im Browser auf, wählen sich dort mit Ihren Anmeldedaten ein und legen los.

WordPress – ein besonderes CMS

WordPress gibt es seit etwa 2004. Es wird kontinuierlich weiter entwickelt und angepasst. Mehr zu den historischen Hintergründen und Versionen finden Sie zum Beispiel auf Wikipedia unter: »https://de.wikipedia.org/wiki/WordPress«.

Die Idee hinter WordPress war, allen Internetnutzern ein einfaches benutzerfreundliches System anzubieten, mit dem jeder unkompliziert eigene »Blogs« betreiben konnte (Blog = Web-Logs = Tagebücher im Netz). Wenn Sie sich noch nicht mit dem Thema Blog beschäftigt haben, sollten Sie sich im Vorfeld ein paar klassische Blogs ansehen, um ein Gefühl für deren typische Grundgestaltung zu bekommen.

Solche Blogs werden häufig von einer Einzelperson (Blogger*in) betrieben, aber auch von Firmen, Vereinen und Institutionen. Sie bestehen aus einer Vielzahl einzelner Beiträge (früher Artikel genannt, im englischen Posts).

Es kann in einem Blog um Weltanschauung gehen, Lebensmomente, Technik, Fernsehsendungen, Ideen, Kulturerlebnisse, Reiseeindrücke, Sport, Witze – schlicht um Alles. Manche Blogger*innen erlauben den Lesern Kommentare zu den Beiträgen zu machen, andere nicht.

Damit diese Ansammlung einzelner Beiträge für alle Beteiligten nicht zu unübersichtlich wird, bietet WordPress die Möglichkeit Kategorien anlegen, denen man die Beiträge zuordnen kann. Dadurch bekommt das Blog eine Struktur.

Sie wollen aber vielleicht gar kein Blog machen, sondern nur eine »normale« Internetseite und fragen sich jetzt, warum ich das Bloggen so ausführlich beschreibe. Der Grund: Dieser ursprüngliche Zweck von WordPress als Blog-System bestimmt nach wie vor die Struktur von WordPress – und die Gestaltungsmöglichkeiten, die wir mit diesem System haben. Ich nenne es daher liebevoll eine Zwangsjacke... Das heißt, es ist Vieles mit WordPress möglich, wenn man das System geschickt benutzt, aber nicht Alles. Und es erfordert manchmal ein wenig »Um-die-Ecke-denken«.

Es ist wichtig, dass Sie folgende Elemente und ihre Zusammenhänge verinnerlichen: Viele einzelne »Beiträge« bilden zusammen das Blog. Beiträge können mithilfe von »Kategorien« geordnet werden. Diese Kategorien können als Menüpunkte eingesetzt werden. Sie können aber auch zur Gestaltung von speziellen Startseiten verwendet werden, zum Beispiel um einen sogenannten »Magazin-Look« zu erzeugen.

Ein weiteres Element von WordPress sind die »Seiten«. Sie gehören nicht in das System von Beiträgen und Kategorien und können nicht in Kategorien zusammen gefasst werden. Sie können aber Menüpunkte bilden. Das klingt jetzt vielleicht etwas verwirrend, wird sich aber im Laufe der praktischen Arbeit mit WordPress noch klären.

Aktuelle WordPress-Version und Gutenberg-Editor

Während Beiträge, Kategorien und Seiten von Anfang an feste Bestandteile des WordPress-Systems sind, haben andere Elemente manchmal eine geringere »Haltbarkeit«. Das Aussehen der Benutzeroberfläche kann sich ändern, Menüpunkte werden umstrukturiert oder ergänzt, Einstellmöglichkeiten an andere Stellen verschoben, und schon muss man wieder suchen...

Mit der seit Anfang 2019 gültigen Version 5.x.x (aktuell 5.3) von WordPress haben die WordPress-Entwickler*innen einen neuen Editor eingeführt. Mit dem Editor werden die Beiträge und Seiten gestaltet, also die Hauptbestandteile unserer Website. Der neue Editor heißt »Gutenberg«, eine Anspielung auf Johannes Gutenberg, der das Drucken mit beweglichen Lettern in Europa maßgeblich verbreitet hat. Der Gutenberg-Editor unterscheidet sich deutlich von der früheren Editor-Funktion. Das hat bei vielen erfahrenen und langjährigen Nutzern von WordPress, der WordPress-Community, zu allerhand Unmut und Diskussionen geführt. Falls Sie also bei der weiteren Beschäftigung mit WordPress in Online-Tutorials, Artikeln oder Büchern auf solche »Gutenberg-Kritik« stoßen, wissen Sie woher dies kommt. Da Sie WordPress-Neuling sind, können Sie diese Streitigkeiten getrost ignorieren. Sie starten Ihr WordPress-Abenteuer einfach mit dem neuen Gutenberg-Editor.

Das Kennzeichen von Gutenberg ist, dass das Layout von Beiträgen und Seiten jetzt mithilfe von einzelnen »Blöcken« gemacht wird. Bitte verwechseln Sie dabei nicht »Blog« mit »Block« – die Namenswahl ist etwas unglücklich, zugegeben. Es gibt Blöcke für Absätze, Überschriften, Bilder, Galerien, Listen, Zitate etc. Dadurch hat WordPress eher einen WYSIWYG («What You See Is What You Get«)-

Charakter, den ich persönlich sehr gut finde. Man kann den Editor auch auf die frühere Variante umstellen, auf den »Classic Editor«. Das empfehle ich Ihnen jedoch nicht. Nutzen Sie das aktuelle System, denn nur dieses wird von WordPress weiter entwickelt werden. Setzen Sie nicht auf veraltete Konzepte, die nicht mehr gepflegt werden.

Ich will gar kein Blog...

Das klassische Blog, das Tagebuch im Netz, ist eine dynamische Website. Die Betreiber*innen stellen immer wieder neue Informationen (Artikel, Beiträge, Posts) ein und erzeugen dadurch wechselnden Content, der – hoffentlich – auf interessierte Besucher*innen trifft.

Sie wollen kein Blog? Dann kommt die gute Nachricht: Sie können auf jede Art von Blog-Nutzung völlig verzichten und mit WordPress eine rein »statische« Website aufbauen, die nur aus einzelnen Seiten mit vorwiegend gleichbleibenden Inhalten besteht. So haben Sie mit WordPress auch dann eine Lösung zur Hand, wenn Sie als Verein, Freiberufler*in, Handwerksunternehmen oder

Praxisbetreibende einfach nur eine Art erweiterte Visitenkarte als Präsentation im Netz zeigen möchten.

Wenn Sie sich aktuelle Internetseiten anschauen, werden Sie feststellen, dass häufig beide Welten kombiniert werden. In einem Blog-Teil (der übrigens nicht unbedingt Blog heißen muss) werden in den Beiträgen wechselnde News präsentiert, Veranstaltungen angekündigt oder ein Portfolio präsentiert, auf den statischen Seiten findet man Unternehmensphilosophie, Impressum und Datenschutz, Kontakthinweise und sonstige allgemeine Informationen.

Aktuell sind Layouts im »Magazin-Look« beliebt oder die eher bildhaften »One-Pager«. Beim Magazin-Look werden meist die Kategorien der Beiträge genutzt, um auf der Startseite eine Zusammenstellung von Beiträgen aus den einzelnen Kategorien zu machen. Dies ähnelt den Rubriken bei einer Zeitung (Politik, Wirtschaft, Sport, Feuilleton).

Beim One-Page-Look besteht die Startseite meist aus einzelnen »Sektionen«, die Sie selbst festlegen können und die dann fortlaufend untereinander angeordnet werden. Typisch für die One-Pager sind formatfüllende Bilder, die den Besucher visuell ansprechen. Ein Nachteil dieser Gestaltung ist, dass die eigentlichen Informationen oft erst beim Scrollen zutage treten, da die Bilder viel Platz belegen.

Sie müssen selbst entscheiden, welche Gestaltung für Ihr Anliegen sinnvoll ist. Außerdem sollten Sie im Hinterkopf behalten, dass jede Art von optischer Gestaltung einem Wandel und temporären Moden unterworfen ist. Mehr zu WordPress-Layouts erfahren Sie in Kapitel 6.

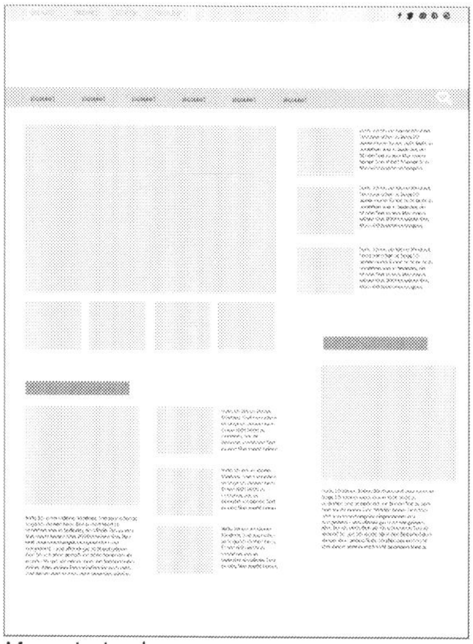
Magazin-Look

One-Pager, Parallax

Mir gefällt da eine Website – ist das WordPress?

Um das herauszufinden, sehen wir uns den »Quelltext« der Seite an, das ist die dahinter stehende Programmierung. Machen Sie auf einer freien Fläche der Website mit der Maus einen Rechtsklick. In dem nun aufspringenden Kontextmenü wählen Sie dann »Seitenquelltext anzeigen« (beim Chrome-Browser und bei Mozilla Firefox) oder »Quellcode anzeigen« (bei Microsoft Edge). Beim Safari-Browser müssen Sie den Entwickler-Modus aktivieren und in der Menüleiste unter dem Punkt »Entwickler« die Option »Seitenquelltext einblenden« wählen. Jetzt wird Ihnen im gleichen oder in einem neuen Browserfenster der Quelltext der Seite angezeigt.

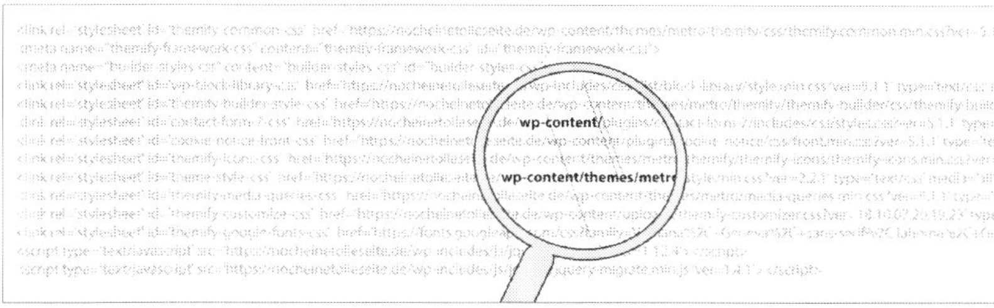

Der Quelltext einer Internetseite

Suchen Sie in dem Buchstabengewirr nach dem Kürzel »wp«, z. B. »wp-content« oder »wp-uploads«. Gefunden? Dann handelt es sich um eine mit WordPress hergestellte Seite. Falls nicht, könnte es ein anderes CMS sein wie Typo3 oder Joomla, oder die Seite ist »zu Fuß« programmiert.

Gefällt Ihnen das Design? Dann suchen Sie nach dem Wörtchen »themes« und notieren Sie sich den Namen der dahinter steht. Anschließend können Sie mit der Suchmaschine den Hersteller des Themes herausfinden.

Tipp: Um den angezeigten Quelltext zu durchsuchen, können Sie die Tastenkombination STRG+F probieren, es erscheint eine kleine Suchmaske am oberen Rand des Browsers, in der Sie den gesuchten Text eintragen können. Je nach Browser ist das etwas unterschiedlich gestaltet.

Was bietet WordPress sonst noch?

Bisher wissen wir: Eine WordPress-Website besteht aus einzelnen Beiträgen, die Text und Bilder oder andere Medien (Dokumente, Video, Sound) enthalten können. Beiträge lassen sich in Kategorien ordnen (z. B. Reise, Fotos, News), die Sie selbst anlegen und als Menüpunkte verwenden können. Dazu kommen einzelne Seiten, deren Inhalte seltener geändert werden. Das ist aber noch nicht Alles.

Neben Kategorien und Seiten können externe Links, Schlagwörter und sogar einzelne Beiträge zu Menüpunkten werden (Kapitel 5). Sie können für Beiträge und Seiten Leserkommentare zulassen. Sollen außer Ihnen noch andere Autorinnen oder Redakteure die Website mit Inhalten füllen? Dann können Sie für zusätzliche Benutzer individuelle Benutzerrollen mit abgestuften Zugriffsrechten anlegen. Wenn Sie spezielle Funktionalitäten wünschen, die über das WordPress-Basissystem hinausgehen, können Sie externe Plugins einsetzen (Kapitel 7).

Das Layout Ihrer Website – und auch Teile der Funktionen – wird durch das jeweils ausgewählte WordPress-»Theme« erzeugt. Es bestimmt, wie Ihre Inhalte auf dem Frontend den Besuchern angezeigt werden. Im Basissystem sind mehrere kostenlose Themes bereits vorinstalliert. Diese genügen den meisten Anwendern aber nicht, daher greift man dann zu Themes von externen Firmen. Die visuellen und strukturellen Möglichkeiten, die Sie in den einzelnen Grundelementen von WordPress haben, hängen stark mit dem Theme zusammen (Kapitel 6). Die Auswahl des Themes ist daher eine Entscheidung, die mit viel Überlegung getroffen werden sollte!

Klingt jetzt doch etwas verwirrend? Keine Panik, wir werden alle Elemente noch einzeln durchgehen.

Hier die Struktur des WordPress-Systems in einer vereinfachten Übersicht.

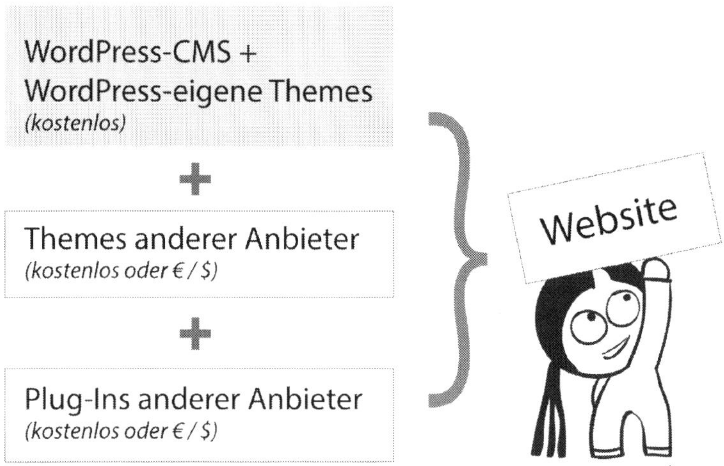

Wo mache ich mich schlau?

Die Hauptseite zu WordPress ist »www.wordpress.org« (englisch) bzw. »de.wordpress.org«, wenn Sie direkt zur deutschsprachigen Version wollen. Hier können Sie das WordPress-System als ZIP-Datei herunterladen und finden alle übrigen relevanten Informationen, sowie Hilfestellungen und Suchmöglichkeiten zu Themes und Plugins.

Außerdem gibt es die Website »wpde.org«. Das ist das größte und älteste deutschsprachige Forum rund um das Thema WordPress. Bei speziellen Problemen finden Sie hier meistens Hilfe.

Vorsicht Verwechslungsgefahr! Viele stoßen auf der Suche nach Informationen zu WordPress auf die Website

»wordpress.com«. Diese verwendet zwar auch das WordPress-System, ist aber nicht das Gleiche wie die oben erwähnte Seite »wordpress.org«!

Wenn Sie bereits eine Präsenz auf wordpress.com angelegt haben, werden Sie manche der in diesem Buch beschriebenen Möglichkeiten nicht finden.

Auf »wordpress.com« kann man sich registrieren und Webseiten online mit dem dort installierten WordPress-System gestalten. Zur Anmeldung benötigt man nur: E-Mail-Adresse, Benutzernamen, Passwort. Man erhält dann eine selbst gewählte Subdomain als Internetadresse wie zum Beispiel »meinetolleseite.wordpress.com« und wird durch die Erstellung des Blogs geleitet. Das WordPress-System müssen Sie bei der Nutzung von wordpress.com nicht selbst installieren, da sie es über die Plattform nutzen. Das Angebot ist kostenlos, kann aber in verschiedenen Bezahlvarianten erweitert werden, zum Beispiel wenn Sie eine DE-Domain verwenden wollen. Die Funktionalitäten auf »wordpress.com« sind nicht genau die gleichen wie jene des »Original«-WordPress-Systems. Die Installation von Plugins und Themes ist zum Teil eingeschränkt. Auch optisch weicht die Benutzeroberfläche auf »wordpress.com« leicht ab.

Zum Testen und für erste Gehversuche, wenn man vielleicht noch keine eigene Domain bzw. ein Hosting hat, eignet sich die Seite durchaus. Aber – sie ist nicht Thema dieses Buches!

Erst das Regal, dann der Intarsienschrank

Meint einfach: klein anfangen, mit einem überschaubaren Projekt, und dann, mit wachsenden (Er-)Kenntnissen, den Ausbau betreiben. An WordPress können Sie sogar Shopsysteme anschließen, wenn Sie wollen. Sie sollten nur nicht gleich mit einem 10.000-Artikel-Shop starten... ;-)

Wie kann ein sinnhafter Ablauf für die Realisierung einer Website mit WordPress aussehen? Es gibt immer verschiedene Wege zum Ziel – und ist außerdem eine Typ-Frage. »Experimentiermenschen« legen einfach mal ohne große Überlegung los und kämpfen sich durch die auftretenden Widrigkeiten, »Planermenschen« bestehen auf detaillierten strategischen Vorüberlegungen. Wahrscheinlich können Sie sich selbst aus Ihrer bisherigen Lebenserfahrung in diesem Spektrum ganz gut einordnen. Die meisten – ich auch – liegen irgendwo dazwischen. Ich empfehle Ihnen folgendes Vorgehen, das sich problemlos »typgerecht« anpassen lässt – Sie dürfen also bleiben, wer Sie sind.

1. Machen Sie zumindest eine minimale **Basis-Planung** für Ihre Website, auch wenn es Sie in den Fingern juckt, gleich mit WordPress loszulegen. Mit der Hilfestellung weiter unten in diesem Kapitel sollte das kein Problem sein. Sie gehören zu der Gruppe der Experimentierfreudigen und wollen lieber gar nichts planen? Auch das ist OK, schließlich ist es Ihre Website, und Ihre Lebenszeit. Sie sind ein freier Mensch. Starten Sie mit der Installations- und Testphase in Kapitel 2, und wenn Sie Ihre ersten Erfahrungen mit WordPress gemacht haben, schieben Sie eine Planphase ein.

2. Suchen Sie sich einen passenden **Hosting-Anbieter** und einen (oder mehrere) gute Domainnamen. Installieren Sie WordPress und treffen Sie Ihre Grundeinstellungen.

3. Die **Spaßphase:** Testen Sie wild herum und lernen Sie die einzelnen Elemente und Möglichkeiten von WordPress kennen – ohne Anspruch an ein finales Resultat. Probieren Sie aus. Machen Sie Fehler. Sie wollen lieber gleich alles richtig machen, weil Sie keine Zeit für Spielchen haben? Dann gehören Sie wahrscheinlich zu der Gruppe, die bereits einen detaillierten Plan gemacht hat und direkt an die Umsetzung gehen kann. Arbeiten Sie die einzelnen Kapitel einfach im Hinblick auf Ihr gewünschtes Ergebnis durch.

4. Suchen Sie nach einem geeigneten **Layout (Theme)** für Ihre Website. Sicher haben Sie inzwischen auch gezieltere Vorstellungen zu den erforderlichen

Zusatzfunktionen (Plugins, siehe Kapitel 7). Verfeinern Sie Ihren Plan, vor allem wenn dieser noch sehr rudimentär ist. Machen Sie sich vor allem Gedanken über eine sinnvolle Navigation. Schauen Sie, wie die »Konkurrenz«, wie ähnlich gelagerte Firmen oder Freiberufliche ihre Webseiten gestalten. Was überzeugt Sie? Was funktioniert, was nicht?
Wenn Sie zu der Gruppe gehören, die eher vorab planen, können Sie diesen Schritt wahrscheinlich abkürzen oder auslassen, denn Sie haben ja schon an Alles gedacht. Wenn Sie sich eher als Experimentiermensch einordnen, wäre jetzt der Moment, die Planungsphase nachzuholen. Entwickeln Sie einen Plan, der zu Ihren Inhalten und Zielen passt.

5. Jetzt geht es an die **endgültige Umsetzung.**
Sie können Ihr bestehendes Test-Blog anpassen, Sie können aber auch die bereits erstellten Inhalte löschen, oder Sie machen einfach eine neue Installation. Gestalten Sie dann Ihre »finale« Version. Sie wird natürlich nie ganz final sein, sollte aber doch eine Zeit lang Gültigkeit haben. Anhand Ihres Konzeptes bauen Sie eine Blog-Seite, eine statische Seite ohne Blog oder einen Mix aus beidem. Legen Sie Ihre Kategorien und ggf. Schlagwörter fest, falls Sie mit einem Blog arbeiten wollen. Testen Sie ausreichend und auf verschiedenen Geräten.

Freuen Sie sich über das gelungene Ergebnis. :-)

Dieses Buch orientiert sich in seinen Kapiteln an dieser Vorgehensweise. Wir werden uns zunächst mit der Konzeption befassen, dann unser erstes Versuchsblog anlegen und schließlich die Aus- oder Überarbeitung in Angriff nehmen. Konkrete Beispiele machen die einzelnen Arbeitsschritte deutlich. Für all jene »Experimentierer«, die gleich loslegen, WordPress installieren und ausprobieren wollen: Sie dürfen den folgenden Abschnitt überspringen. Ich empfehle Ihnen trotzdem, den Inhalt zumindest quer zu lesen. Das kann Ihnen einige zusätzliche Arbeit ersparen.

Überlegungen vor dem Abenteuer

Bevor wir loslegen, sollten wir darüber nachdenken, was wir eigentlich machen wollen, warum und für wen. Immer wieder kommt es in Web-Projekten zu Schwierigkeiten, weil sich niemand im Vorfeld mit diesen Fragen beschäftigt hat. Entsprechend wird herum experimentiert, die Navigation wild zusammen gebastelt, Inhalte mal hier, mal dort angezeigt. Der Frust steigt – bis man schließlich merkt: Wir müssen das Ganze noch einmal mal richtig von vorne durchdenken...

Deshalb empfehle ich Ihnen: Nehmen Sie ein Blatt Papier und beantworten Sie für sich folgende Fragen – Stichpunkte reichen völlig! Die Ungeduldigen können sich gerne auf die ersten drei Fragen beschränken und den Rest zu einem späteren Zeitpunkt wieder aufnehmen. Dann dauert das Ganze wahrscheinlich nicht mal 5 Minuten.

Man könnte zu jeder dieser Fragen ein eigenes Kapitel schreiben. Das ist aber nicht Thema dieses Buches, Sie wollen vor allem WordPress lernen, daher die komprimierte Form. Also – los geht's mit **Teil 1:**

1. **Wen wollen Sie mit Ihrer Website erreichen?**

Das Wort Zielgruppe haben Sie sicher schon einmal gehört. Heute spricht man auch oft von »Persona«. Stellen Sie sich die Menschen vor, die Ihre Website besuchen oder besuchen sollen – was sind ihre Interessen, Wünsche, Ziele? Welchen beruflichen oder gesellschaftlichen Hintergrund haben sie? Je spezifischer Sie diese Eigenschaften benennen können, umso besser können Sie Ihre Website an Ihre künftigen Besucher anpassen.

2. Was ist der Fokus Ihrer Website?

Beschreiben Sie Ihre Website mit einem kurzen Satz oder ein paar knackigen Stichworten. Um was geht es, was erwartet die Besucher hier?

3. Was wollen Sie für einzelne Inhalte darstellen?

Listen Sie zunächst einfach Alles auf, was Ihnen so einfällt. Ohne große Überlegung. In einem zweiten Schritt versuchen Sie daraus Themenbereiche zu bilden. Diese werden dann die Basis Ihrer Seitenstruktur.

Teil 2: Für Alle, die gleich zu Beginn etwas tiefer in die Planung einsteigen wollen, fünf weitere Anregungen:

1. Die Sitemap

Sie haben Ihre Themenbereiche festgelegt – skizzieren Sie daraus eine Sitemap (eine Übersicht der Einzelseiten) mit allen Seiten, aus denen sich Ihre Internetpräsenz zusammen setzen soll. Ein Beispiel finden Sie weiter unten im nächsten Abschnitt.

2. Die Navigation

Gestalten Sie anhand dieser Festlegungen Ihre Navigation: Welche Menüpunkte brauchen Sie zwingend? Können Sie inhaltlich Menüpunkte zusammen fassen, zum Beispiel daraus Hauptpunkte mit zugehörigen Unterpunkten entwickeln? Sind vielleicht zwei getrennte Menüs auf der Internetseite sinnvoll – ein erstrangiges und ein zweitrangiges mit nebensächlichen Menüpunkten? Versuchen Sie generell mit so wenig Menüpunkten wie möglich auszukommen, das macht Ihren Besuchern die Orientierung leichter. Benennen Sie Ihre Menüpunkte kurz und auch für Außenstehende verständlich.

3. Die Nutzung von WordPress

Da Sie WordPress einsetzen wollen, sollten Sie sich überlegen: Ist die Website eher statisch gedacht und soll nur aus einzelnen Seiten bestehen? Oder gibt es häufig Änderungen und News auf Ihrer Seite? Schreiben Sie häufig eigene Beiträge? Dann könnte ein Blog-Anteil sinnvoll sein. Oder soll Ihre Website vielleicht generell ein Blog werden? Wenn ja, was für inhaltliche Kategorien (Reise, Essen, Fotos) wird es in dem Blog geben? Wer schreibt die Blog-Beiträge? Wie viele in welchem Zeitraum? Wollen Sie den Besuchern Kommentare zu Ihren Beiträgen erlauben?

4. Spezielle Funktionen

Welche Funktionen sind Ihnen auf der Website wichtig? Dies ist für die richtige Auswahl des späteren WordPress-Layouts wichtig. Haben Sie spezielle Wünsche? Das kann zum Beispiel für Fotograf*innen eine besondere Foto-Galerie sein, für Vereine ein Veranstaltungskalender, für Praxen und Shops ein gut gemachter Anfahrtsplan.

Was sollen die Besucher Ihrer Website im Idealfall tun? Kontakt per E-Mail oder Telefon aufnehmen? Sich für eine Veranstaltung anmelden? Wie kann ich sie dazu motivieren? Auch hierfür bieten manche Themes spezielle Hilfestellungen, z. B. »Call-To-Action«-Schaltflächen.

Tipp: Reduzieren Sie Ihre Wunschvorstellungen auf die wirklich wichtigen Elemente und passen Sie diese an Ihre aktuellen Internetkenntnisse und WordPress-Fähigkeiten an. Erst das Regal, dann der Schrank...

5. Vorgaben

Gibt es Vorgaben für das Layout Ihrer Website? Wenn Sie zum Beispiel schon Visitenkarten und Briefpapier mit einem Logo und Haus- oder Schriftfarben haben, sollte sich das auf der Website wiederfinden. Das spätere Layout (Theme) sollte Ihnen dann eine Möglichkeit zur freien Farbwahl bieten. Nicht alle Themes ermöglichen das, mehr dazu in Kapitel 6, wenn wir das Thema Layout mit Themes behandeln.

Beispiel: Planung für die Website einer PR-Beraterin
M. Public will eine Website machen, um sich als PR-Beraterin zu präsentieren. Sie beantwortet die Fragen so:

Teil 1

- Zielgruppe: KMU ab 20 Mitarbeiter, die keine eigene PR-Abteilung unterhalten können oder wollen, aufgrund ihres Ingenieurstudiums vor allem im Bereich Maschinenbau.
- Beschreibung: Präsentation als freiberufliche Beraterin mit soliden Fachkenntnissen im Ingenieurwesen und Erfahrung in zielorientierter Öffentlichkeitsarbeit.
- Inhalte ungeordnet: Buchprojekt, Infos zur Person, Berufserfahrung, Hobbys, Referenzen, Interessen,

Ausbildung, Leistungsangebot, Firma A, Beispieltexte (mit Kopierschutz), Profil mit Fachkenntnissen, Firma B, Fotos, Kontaktmöglichkeit, Wissenswertes zu PR, Tipps und Tricks, Fallbeispiel.

- Inhalte geordnet: Thema »Mein Profil« (Erfahrung, Fachkenntnis, Persönliches), Thema »Mein Angebot« (Leistungen), Thema »Referenzen« (Textbeispiele, Kunden), Thema »Allgemeines« (Impressum, Datenschutz, Kontakt).

Teil 2:

- Vorläufige Menüstruktur: Blog (Start) – Mein Profil – Mein Angebot für Sie – Referenzen – Kontakt – Impressum – Datenschutz
- Sitemap:

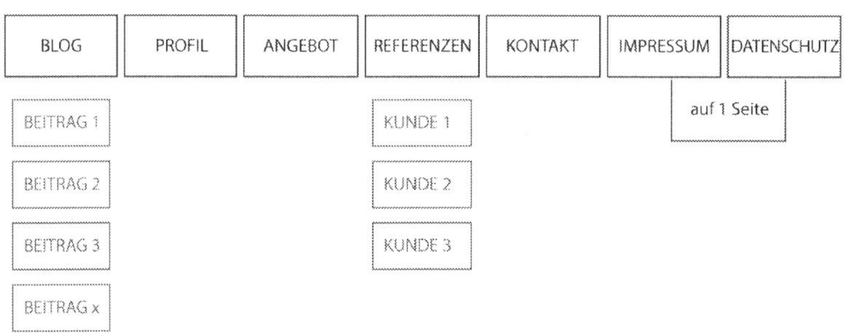

- Blog: Ja, es soll einen Blog-Teil geben, der regelmäßig – alle zwei Wochen – einen neuen Beitrag bekommt. Kommentare – nein. Ansonsten vorwiegend statische Seiten, also eine typische Mix-Seite.
- Funktionen: Kontaktbutton oder Kontaktleiste mit Telefonnummer / Skype / Messenger-Angebot?

M. Public ist sich unsicher – das wird also erst später geklärt...

- Vorgaben: Logo vorhanden mit festgelegter Farbe, die Farbe soll im Layout aufgenommen werden.
- Kontaktaufnahme: Besucher soll Kontakt per Telefon aufnehmen können, daher Telefonnummer immer präsent anzeigen, oder auch per E-Mail oder Kontaktformular.

—

Diese Überlegungen schaffen Sie für Ihr Projekt mit links, oder? Dann wollen wir uns mal auf die Installation stürzen. Wer bereits seine WordPress-Installation hinter sich hat, macht einfach bei Kapitel 3 weiter.

[2] Die Technik – nur was für Freaks?

Der Weg zur eigenen Website mit WordPress

Dies ist das technischste aller Kapitel, denn es geht um die Installation von WordPress auf dem Webserver Ihres Hosting-Anbieters. Davor haben viele Angst, zumindest Ehrfurcht. Keine Panik, andere haben es auch geschafft.

Wenn Sie mit WordPress eigenständig eine Website betreiben wollen, benötigen Sie dafür einen Speicherplatz (Webspace) und eine eigene Internetadresse, also z. B. den Domainnamen »www.ich-supermensch.de«.

Beides können Sie über einen Hosting-Anbieter »mieten« – meist gegen eine monatliche Gebühr. Die Domainadresse gehört Ihnen also nicht, sondern Sie haben nur ein Nutzungsrecht. Die Suche nach einem passenden Domainnamen ist nicht immer ganz einfach, denn viele Namen sind bereits vergeben. Hier sind auch markenrechtliche Aspekte zu beachten. Wenn eine eingetragene Marke existiert, hat diese bei Rechtsstreitigkeiten den Vorrang.

Es kann durchaus Sinn machen, mehrere Domains zu registrieren, zum Beispiel um typischen Schreibfehlern von Internetnutzern entgegen zu kommen, oder um neben dem Firmennamen auch noch einen Namen zu nehmen, der das eigene Angebot widerspiegelt. Denken Sie zum Beispiel an eine Schmuckdesignerin, sie heißt Linda Lindenbaum, ihre Schmuckfirma Edelzar. Sinnvoll könnten dann neben der Markendomain www.edelzar.de folgende Adressen sein: www.lindalindenbaum.de, www.edelzar-schmuck.de, www.lindenbaum-schmuck.de. Je größer die Firma und je reichhaltiger das Sortiment, desto sinnvoller kann es sein, weitere Domainnamen in Betracht zu ziehen, wie www.edelzar-trauringe.de oder www.edelzar-piercing.de.

Sie müssen nicht für jeden Domainnamen eine eigene Website machen, sondern können die einzelnen Domains auf Ihre Hauptdomain weiter leiten. Das erledigen Sie im Kundenmenü Ihres Hosting-Anbieters. Egal welchen Domainnamen Ihr Besucher eintippt oder als Suchergebnis in der Suchmaschine anklickt, er landet jedes Mal auf der von Ihnen festgelegten Hauptdomain. Sie können natürlich auch nach und nach einzelne Nischenseiten zu Unterthemen anlegen. Aber das sind eher Aspekte des Marketings, die ich hier nicht weiter vertiefen will.

Sie sind nur als Privatmensch im Internet unterwegs oder als Solo-Selbständige? Dann versuchen Sie eine Domain mit Ihrem Eigennamen zu bekommen. Wenn das nicht möglich ist, finden Sie vielleicht eine Kombination aus Familienname und Geschäftsgebiet, wie im obigen Beispiel lindenbaum-schmuck.de. Vermeiden Sie überlange Domainnamen (www.lindalindenbaum-schmuck-edelzar.de). Das kann sich niemand merken und noch weniger in die Adressleiste des Browsers eintragen… ;-)

In Deutschland verwaltet die »Denic« alle DE-Domains. Sie können dort nachsehen, ob die von Ihnen gewünschte Adresse noch nicht registriert ist (www.denic.de). Meist ist es aber einfacher, direkt auf der Website eines Hosting-Anbieters nach einem (oder mehreren) Domainnamen zu recherchieren, vor allem, wenn Sie außer .de noch andere Domainendungen wünschen wie .com, .net, .eu, .tv usw.

Einen Hosting-Anbieter finden

Hosting-Anbieter bieten Ihnen ein Spektrum von Hosting-Paketen in verschiedenen Größen. Ein Upgrade ist nachträglich problemlos möglich. Achten Sie bei der Auswahl eines Hosting-Anbieters nicht nur auf den günstigsten Preis, sondern prüfen Sie, wie viel Speicherplatz Ihnen angeboten wird, wie viele **Datenbanken** inklusive sind (mindestens eine ist für Ihr WordPress-Projekt erforderlich), ob Sie die Domaingebühren noch zusätzlich bezahlen müssen oder ob diese bereits im Paket enthalten sind.

Sinnvoll ist auch die Integration von sogenannten **»SSL-Zertifikaten«**. Das heißt alle Daten, die Ihre Besucher eingeben (z. B. auf einem Kontaktformular), werden dann verschlüsselt übertragen. Für einfache Webseiten ist eine SSL-Verschlüsselung zwar nicht unbedingt erforderlich, aber sie gilt heute allgemein als Standard. Ihre Internetadresse heißt dann zum Beispiel »https://edelzar.de«. Eine solche Verschlüsselung wirkt sich auf Ihre Listung in der Suchmaschine positiv aus und vermittelt außerdem Ihren potenziellen Besuchern das Gefühl der Sicherheit. Manche Hosting-Anbieter haben kostenlose SSL-Zertifikate mit im Hosting-Paket, andere verlangen dafür extra Gebühren.

Viele Hosting-Services haben Hilfsprogramme für eine vereinfachte Installation von WordPress, die **»One-Click-Installation«.** Das kann für einen unerfahrenen Benutzer eine sinnvolle Hilfe sein und Ihnen einige Arbeit abnehmen. Andere Anbieter werben mit speziellen »WordPress-Hosting-Paketen«. Zur Einrichtung einer WordPress-Seite ist ein solches spezielles Hosting nicht nötig. Prüfen Sie also, ob es sich dabei nur um einen Marketing-Gag handelt, der jeden Monat zusätzliche Kosten macht, oder ob das Angebot wirkliche Vorteile für Sie bietet.

Technisch gesehen basiert WordPress auf der Skriptsprache PHP und benötigt zum Funktionieren eine MySQL-Datenbank. Wenn Ihr Hosting-Paket keine Datenbanken hat: Sie lassen sich meist problemlos zusätzlich buchen oder Sie machen ein Upgrade auf das nächsthöhere Hosting-Paket.

Ihr Webspace-Angebot hat eine oder mehrere Datenbanken? Prima – los geht's!

Wie bekomme ich WordPress auf meinen Webspace?

Sie haben zwei Möglichkeiten:

1. Sie nutzen eine »**One-Click-Installation**«, falls Ihr Anbieter diese bereit hält. Da je nach Hosting-Service der Ablauf unterschiedlich ist, kann ich hier keine detaillierte Darstellung geben und versuche den Prozess grundsätzlich darzustellen.

2. Sie wagen sich an die »**manuelle Installation**« und machen Alles selbst. Das klingt schwieriger als es ist. Sie sollten den Umgang mit ZIP-Dateien kennen und in der Lage sein, eine Software auf Ihrem Computer zu installieren und einzurichten. Dann dürfte es klappen...

Der heiße ungeliebte Tipp:

Egal welchen Weg Sie wählen – überlegen Sie sich im Vorfeld einen sinnvollen, hackersicheren Benutzernamen für Ihre WordPress-Installation, denn dieser lässt sich später nur mit erheblichem Aufwand ändern. Den Benutzernamen benötigen Sie immer, wenn Sie sich in die WordPress-Administration einwählen wollen, zum Schreiben und Gestalten von Beiträgen, Seiten, oder zur Gestaltung der Website allgemein.

Die Erfahrung zeigt, dass der Benutzername meistens zu simpel gewählt wird, wenn man ihn erst in der Aufregung des Installationsprozesses festlegt. Genauso viel Mühe sollten Sie für das Passwort verwenden. Das können Sie allerdings später noch leicht ändern. Weitere Hinweise zu Benutzernamen und Passwörtern finden Sie in der Beschreibung der manuellen Installation. Mit dieser Vorsichtsmaßnahme tragen Sie erheblich dazu bei, Ihre Website gegen Angriffe von außen zu sichern.

Die »One-Click«-Installation

Fangen wir also mit dem Weg des geringsten Widerstandes an, der sogenannten »One-Click-Installation«. Viele Hosting-Anbieter ermöglichen eine solche einfache und schnelle Installation für WordPress und andere Software. Dabei sind die Abläufe und die Möglichkeiten der Einstellung je nach Anbieter unterschiedlich gestaltet – also mehr oder weniger übersichtlich und verständlich.

Prinzipiell ist der Ablauf wie folgt: Sie rufen die Website Ihres Hosting-Anbieters auf und loggen sich in Ihr Kundenkonto ein. Die erforderlichen Angaben dazu haben Sie ja beim Vertragsabschluss gemacht oder erhalten. Auch hier gilt natürlich die Empfehlung ein möglichst sicheres Passwort zu wählen (bitte nicht das gleiche wie für die WordPress-Installation!). Bei manchen Anbietern müssen Sie danach etwas tiefer in die Möglichkeiten des Kundenmenüs einsteigen, zum Beispiel zunächst das Webhosting oder Ihr Webhosting-Paket auswählen. Nun heißt es wieder auf die Suche gehen – findet sich irgendwo ein Menüpunkt wie »Software«, »Tools«, »Installation« oder »One-Click-Installation«?

Viele Anbieter ermöglichen diese vereinfachte Installation für unterschiedliche Software oder Webanwendungen. Sie können also neben WordPress ggf. auch andere CMS installieren, wie Typo3, Joomla, Serendipity, oder spezielle Foren-Software. Haben Sie mehrere Domains, müssen Sie die Domain auswählen, auf der WordPress installiert werden soll. Meistens ist das Ihr Haupt-Domainname. Von den anderen Domains können Sie im Kundenmenü Ihres Anbieters eine Weiterleitung auf diese Hauptdomain einrichten.

Wählen Sie WordPress aus und lassen Sie sich im Anschluss weiter durch den Installationsprozess leiten. Unter Umständen wird bei einer One-Click-Installation auch die Anlage der erforderlichen Datenbank automatisch vom System erledigt. Sie sehen, so ist die Installation von WordPress kinderleicht.

Ein kleiner Nachteil ist, dass Sie bei manchen Anbietern WordPress dann nicht in einem speziellen, von Ihnen angelegten Ordner installieren können, sondern nur auf der obersten Ebene Ihres Webspace (der »root« = Wurzel). Wenn das für Sie OK ist, ist die automatische Installation auf alle Fälle der angenehmere Weg. Denken Sie daran, sich den von Ihnen angelegten Benutzernamen und das Passwort, dass Sie vergeben oder vom System bekommen haben, zu notieren! Nur damit können Sie sich später in die Administration von WordPress einloggen.

Die manuelle Installation auf der eigenen Domain

Wenn Sie technisch etwas versierter sind und alles gerne selbst unter Kontrolle haben, können Sie sich auch an die manuelle Installation wagen. Dazu gehen Sie so vor:

- Sie legen eine Datenbank auf Ihrem Webspace an.
- Sie laden das WordPress-ZIP von de.wordpress.org herunter und entpacken die ZIP-Datei anschließend.
- Die entpackten Einzeldateien laden Sie mit einem FTP-Programm auf Ihren Webspace hoch.
- Sie starten die WordPress-Installation. Diese dauert etwa 5 Minuten und verbindet die Datenbank mit den hochgeladenen WordPress-Dateien. Fertig!

Schritt 1: Datenbank anlegen

Jede Datenbank hat einen eigenen Namen, außerdem einen Benutzernamen und ein Passwort. Teilweise sind diese Informationen vom Hosting-Anbieter schon vorgegeben. Bei der späteren WordPress-Installation müssen diese Informationen angegeben werden. Also: Notieren Sie alles auf einem Blatt Papier oder in einem digitalen Dokument. Achtung! Das sind nicht die gleichen Namen bzw. Passworte wie bei der eigentlichen WordPress-Installation.

Rufen Sie als Erstes die Website Ihres Hosting-Anbieters auf und loggen Sie sich in Ihr Kundenkonto ein. Suchen Sie dann nach einem Menüpunkt »Datenbank« oder »Datenbank anlegen«. Folgen Sie dort den Anweisungen zum Anlegen einer Datenbank und notieren Sie die dazu gehörigen Eingaben.

Schritt 2: WordPress-ZIP-Datei herunterladen

Rufen Sie die Website »de.wordpress.org« auf. Sie kommen zu der deutschen WordPress-Seite. Klicken Sie auf den Button »Hol Dir WordPress« und auf der nächsten Seite auf »WordPress 5.x.x. herunterladen«. Je nach Browser, den Sie benutzen, wird die ZIP-Datei entweder direkt in den Ordner »Downloads« gespeichert oder Sie können selbst einen Speicherort angeben. Suchen Sie anschließend im Arbeitsplatz den entsprechenden Ordner, also »Downloads« oder den selbst gewählten.

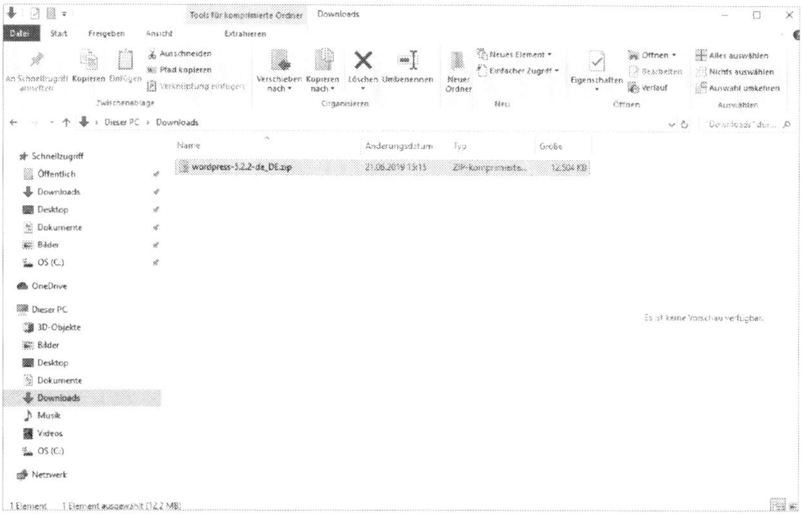

Die ZIP-Datei in dem Ordner Downloads

Entpacken Sie die ZIP-Datei, indem Sie in der Menüleiste auf »Extrahieren« und anschließend »Alle extrahieren« klicken. Windows extrahiert die Dateien in einen neuen Ordner mit dem Namen »wordpress«, der wiederum in einem Ordner namens »wordpress-5.x.x-de_DE« liegt. Die ursprüngliche ZIP-Datei und die extrahierten Dateien liegen dadurch nun beide im Ordner Downloads. Sie können beides später wieder löschen, wenn Sie WordPress auf Ihren Webspace installiert haben. Es lohnt sich nicht, die Dateien zu archivieren, da es immer wieder neue WordPress-Versionen zum Download gibt. Wenn Sie also WordPress erneut installieren wollen, laden Sie lieber gleich die neueste Version aus dem Internet herunter.

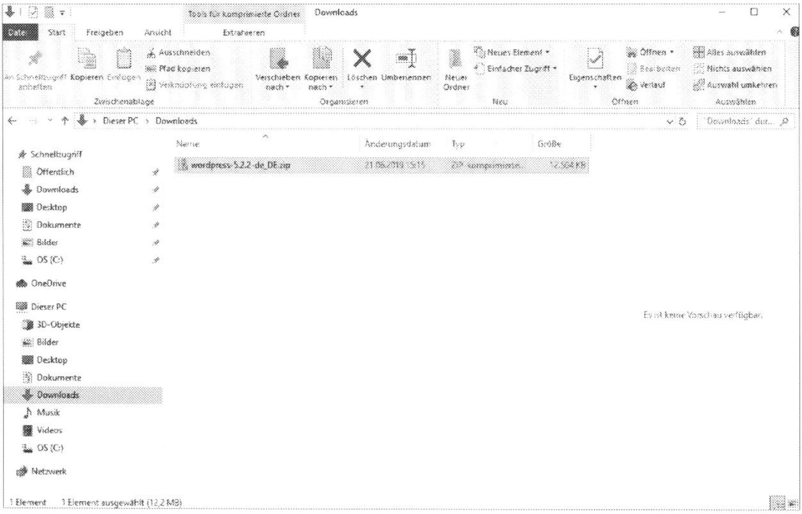

Die entpackten Dateien der ZIP-Datei

Schritt 3: WordPress-Dateien hochladen

Ist die WordPress-ZIP-Datei vollständig entpackt, sehen Sie nun einen Ordner »wordpress«. Darin befinden sich die Ordner »wp-admin«, »wp-content«, »wp-includes« sowie verschiedene PHP-Dateien und die »liesmich.html«. Diese Dateien und Ordner müssen alle auf Ihren Webspace hoch geladen werden. Das können Sie wahrscheinlich im Kundenbereich Ihres Anbieters direkt machen. Suchen Sie nach »FTP-Upload« oder »Web-Upload«.

Ich nutze für den Upload von Dateien lieber ein FTP-Programm, das ist meistens etwas komfortabler in der Handhabung. Das kostenlose Programm FileZilla ist ein solches FTP-Programm. Laden Sie FileZilla von der Website »filezilla-project.org« herunter und installieren Sie es auf Ihrem Computer. Anschließend richten Sie in diesem FTP-Programm den FTP-Zugang zu Ihrem Webspace ein. Denn das FTP-Programm muss sich ja auf Ihren Webspace einwählen können. Auch hier benötigen Sie wieder extra Benutzernamen und Passwort. Sie erhalten diese Informationen vom Hosting-Anbieter beziehungsweise können sich dort im Kundenmenü einen neuen FTP-Zugang einrichten. Suchen Sie nach einem Menüpunkt »FTP« oder »FTP-Zugang«. Denken Sie wieder daran, die Zugangsdaten zu notieren, damit Sie sie anschließend in FileZilla eintragen können.

Haben Sie Ihren FTP-Zugang im FTP-Programm konfiguriert, können Sie sich in Ihren Webspace einwählen. Sie landen auf der so genannten »root« (Wurzel), der obersten Verzeichnis-Ebene. Es kann sein, dass dort schon einige Dateien liegen, die von dem Hosting-Anbieter standardmäßig erzeugt werden, zum Beispiel um Besuchern eine vorläufige »Baustellenseite« anzuzeigen.

Sie können, wenn Sie wollen, auf dem Webspace für Ihre Website vor dem Hochladen der WordPress-Dateien einen eigenen Ordner anlegen, wie »blog« oder »website«. Wenn Sie zum Beispiel das Arbeiten mit WordPress erst einmal testen und kennenlernen wollen, könnten Sie ein Verzeichnis mit dem Namen »test« anlegen und dort einen ersten Testlauf machen, den Sie später wieder löschen.

Nun können Sie die WordPress-Dateien entweder direkt auf die Root-Ebene laden, oder in das eigens angelegte Verzeichnis. In dem FTP-Programm FileZilla zum Beispiel sehen Sie auf der rechten Seite Ihren Webspace, auf der linken Seite Ihren PC-Arbeitsplatz. Klicken Sie sich auf der linken Seite bis zu dem Ordner durch, in dem Ihre entpackten WordPress-Dateien liegen und öffnen Sie ihn mit Doppelklick. Auf der rechten Seite, Ihrem Webspace, sind Sie auf der Root-Ebene oder Sie öffnen das von Ihnen zuvor eigens angelegte Verzeichnis (z. B. »test« oder »blog«).

Jetzt markieren Sie alle Dateien auf der linken Seite und ziehen diese mit gedrückter Maustaste in den rechten Bereich – der Hochladeprozess startet automatisch und dauert einige Minuten. Ist das Hochladen abgeschlossen, sollten in der linken und der rechten Spalte von Filezilla die gleichen Datei- bzw. Ordnernamen zu sehen sein.

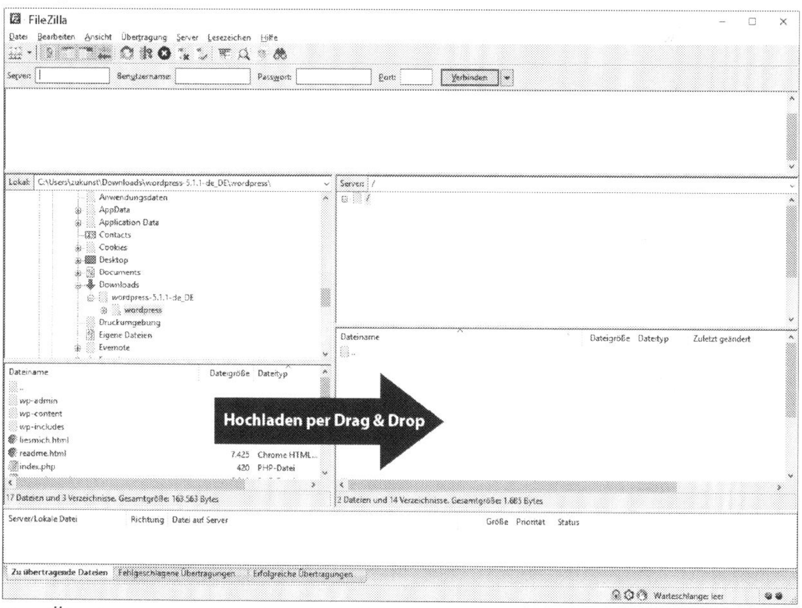

Das Übertragen von Dateien via FTP in dem Programm Filezilla

Schritt 4: Die WordPress-Installation durchführen

Sie haben bisher erfolgreich eine Datenbank angelegt und die WordPress-Dateien auf Ihren Webspace hochgeladen. Jetzt muss WordPress noch mit der Datenbank verknüpft werden, auf die es später zugreifen soll. Das ist die eigentliche WordPress-Installation, die Sie anschließend im Browser durchführen.

Um mit der Installation zu starten, tippen Sie in die Adresszeile Ihres Browsers Ihre geplante Internetadresse ein, also z. B. »www.ich-supermensch.de«. Haben Sie die WordPress-Dateien in ein eigenes Verzeichnis auf dem Webspace abgelegt, dann lautet in diesem Fall die Eingabe »www.meineseite.de/meinWordPressVerzeichnis«, also in unserem Beispiel: »www.ich-supermensch.de/blog«.

Es erscheint nun als Erstes eine Infoseite von WordPress mit etwa folgendem Inhalt:

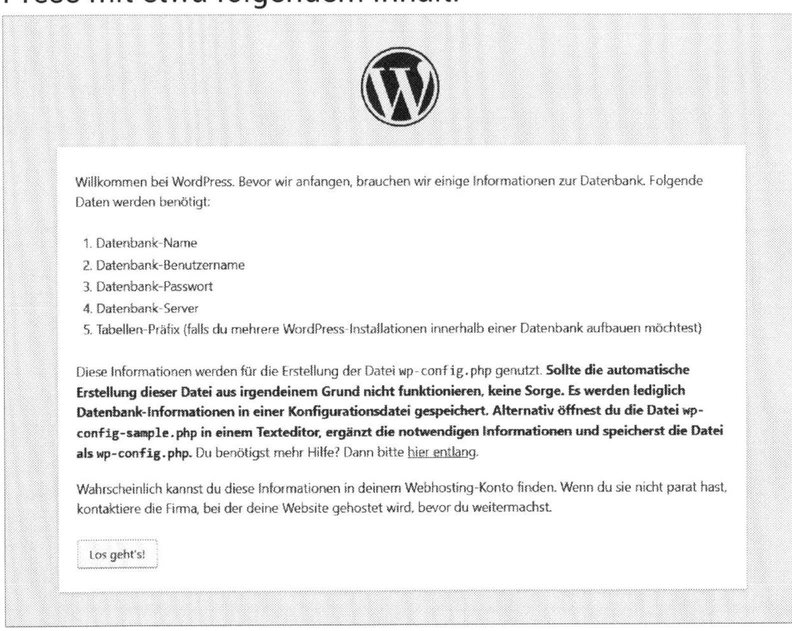

Seite 1: Start-Informationen der WordPress-Installation

»Willkommen bei WordPress. Bevor wir anfangen, brauchen wir einige Informationen zur Datenbank. Folgende Daten werden benötigt: Datenbank-Name, Datenbank-Benutzername, Datenbank-Passwort, Datenbank-Server, Tabellen-Präfix...«

Halten Sie also die Angaben zur Datenbank bereit, die Sie vorhin in Schritt 1 (»Datenbank anlegen«) festgelegt und notiert haben. Dann auf den Button »Los geht's« klicken. Auf der folgenden Seite müssen Sie diese Angaben zur Datenbank eintragen – und anschließend den Button »Senden« anklicken. Die Felder Datenbank-Host und Tabellen-Präfix können Sie belassen.

Seite 2: Das Formular mit den Angaben zur Datenbank ausfüllen

Wenn Ihre Angaben richtig sind, sollte eine Erfolgsmeldung erscheinen, wenn nicht, wird Ihnen dies auch mitgeteilt und Sie müssen einen neuen Versuch starten.

Vielleicht hat sich ein Tippfehler oder eine Verwechslung eingeschlichen? Prüfen Sie alles noch einmal, tragen Sie auch das richtige Passwort ein. Dann sollte folgende Meldung erscheinen:

»Alles klar! Diesen Teil der Installation hast du geschafft. WordPress kann jetzt mit deiner Datenbank kommunizieren.« Die Datenbanken sind also eingerichtet und mit WordPress verknüpft. Jetzt kann die eigentliche WordPress-Installation gestartet werden. Klicken Sie auf »Installation durchführen«!

Seite 3: Bestätigung der erfolgreichen Verknüpfung mit der Datenbank

Im nächsten Schritt müssen Sie wieder einige Angaben in ein Formular eintragen. Der »Titel der Website« könnte zum Beispiel »Lisas lustige Lachanfälle« heißen oder »Blog von Ayse«. Er kann später unproblematisch überschrieben werden. Der »Benutzername« dagegen sollte mit Überlegung gewählt werden, denn er kann im Nachhinein nur mit großem Aufwand geändert werden!

Auch wenn die Versuchung groß ist, einen Namen zu nehmen, den Sie sich leicht merken können, es gilt: je umständlicher, desto besser. Vermeiden Sie unbedingt Benutzernamen wie »test«, »admin«, »Webmaster«, oder »Benutzer«. Auch ein naher Bezug zu Ihrem Realnamen, Domainnamen oder Thema der Website ist nicht ratsam.

Warum? WordPress ist ein sehr beliebtes System und wird daher auch von Hackern gerne attackiert. Diese bauen – leider zu Recht – darauf, dass die meisten WordPress-Nutzer*innen den Benutzernamen »admin« oder Ähnliche verwenden. Dann müssen sie nur noch mithilfe darauf spezialisierter Hacker-Software das Passwort herausfinden (auch hier sind die meisten Menschen nicht sehr kreativ) und schon können sie sich in Ihre Website einhacken und dort Schaden anrichten.

Seite 4: Das Formular für Benutzernamen und Passwort

Denken Sie sich deshalb am besten einen sonderbaren Spitznamen aus. Es kann sich um irgendeine sinnlose Buchstabenkombination handeln. Also zum Beispiel im Falle von Linda Lindenbaum nicht Edelzarin oder Schmucklinda, sondern »Bl@ttlaus« oder »gab1ful4poi«. Benutzernamen dürfen alphanumerische Zeichen, Punkte, Leerzeichen, Unterstriche, Bindestriche und das @-Zeichen enthalten. Beim Passwort dürfen und sollten Sie dagegen Sonderzeichen verwenden. WordPress schlägt Ihnen in dem Formularfeld hier bereits ein Passwort vor, das die oben genannten Kriterien erfüllt. Sie können dies übernehmen oder eine eigene Kreation einsetzen.

Tipps zur Erfindung eines Passwortes: Bilden Sie einen Satz, den Sie sich gut merken können und in dem Zahlen und ggf. Satzzeichen enthalten sind, wie: »Du hast fünf Hunde? Dann musst Du jeden Tag raus? Bei jedem Wetter!«

Das ergibt aus den Anfangsbuchstaben und Satzzeichen das Passwort: »Dh5H?DmDjTr?BjW!«

Sie erhalten ein sicheres Passwort, und mit der Hilfestellung ganz gut zu merken. Denkbar ist auch die Variante: »Du5Hunde?1xTagraus?AlleWetter!«

Etwas einfacher ist die Methode, sich einige völlig unzusammenhängende Wörter zu suchen und diese mit einem Sonderzeichen zu trennen:

»Schoko%Zettel%Intelligenz%Hammer«

Natürlich sollten Sie sich das Passwort trotzdem irgendwo aufschreiben... Wie auch immer Sie verfahren, Sie müssen sich den Benutzernamen und das Passwort in der exakten Schreibweise notieren, bevor Sie mit der Installation fortfahren – ansonsten können Sie sich später nicht in die Benutzeroberfläche von WordPress einloggen und müssen die ganze Installation unter Umständen nochmal machen...

Im nächsten Feld unter dem Passwort tragen Sie Ihre E-Mail-Adresse ein, und zwar eine, die Sie auch wirklich benutzen. Diese Angabe ist erforderlich, da WordPress Ihnen gelegentlich wichtige Informationen schickt – also bitte keine Wegwerfadresse verwenden! Sollten Sie später einmal die E-Mail-Adresse ändern, lässt sich das in WordPress problemlos machen.

Das Feld »Suchmaschinen davon abhalten, diese Website zu indexieren« sollten Sie deaktiviert lassen, es sei denn, Sie wollen nicht gefunden werden. ;-)

Geschafft! Jetzt nur noch auf »WordPress installieren« klicken und einen kurzen Augenblick Luft holen. Dann werden Sie wie auf der folgenden Abbildung zu sehen beglückwünscht. Sie können nun auf die Schaltfläche »Anmelden« klicken und sich auf der WordPress-Admin-Oberfläche anmelden.

Seite 5: Bestätigung der erfolgreichen Installation

Hilfe für die Installation von WordPress

Für viele klingt das, was ich bisher erklärt habe, vielleicht sehr technisch, oder sie haben das Gefühl, das Ganze überhaupt nicht bewältigen zu können. Da ich mich in diesem Buch auf die Handhabung von WordPress konzentrieren will, kann ich nicht auf alle Einzelheiten der Installation und der einzelnen Anbieter eingehen. Ich empfehle für solche spezifischen Fragen »YouTube« zu nutzen. Dort finden sich sehr gute ausführliche Videoanleitungen zu allen Einzelschritten einer WordPress-Installation. Sie können sogar konkret nach Ihrem Hosting-Anbieter suchen. Tragen Sie zum Beispiel in die Suchmaske oben auf der Seite von YouTube ein: »WordPress installieren Tutorial deutsch« oder »WordPress bei Hosting-Anbieter X installieren«. Genau wie Sie im Buch zurückblättern können, können Sie ein Video immer wieder anhalten oder erneut abspielen. Nutzen Sie diese Hilfestellungen.

—

Im nächsten Kapitel können wir endlich loslegen und ausprobieren. Ich empfehle Ihnen ein Zwei-Stufen-System – erst einen Testlauf, dann das Endprodukt. Das nimmt den Stress der Perfektion raus, bringt Erfolgserlebnisse und Experimentierspaß. Und es geht schneller!

[3] Das WordPress-Blog – alles Gutenberg oder was?

Auf in die WordPress-Administration

Endlich können wir loslegen und die Benutzeroberfläche von WordPress erobern. Wir fangen mit dem Bau eines klassischen Blogs an und lernen dabei den bereits erwähnten Gutenberg-Editor kennen. Am Anfang werden Sie die Ergebnisse vermutlich optisch ziemlich enttäuschen. WordPress ist kein Homepage-Baukasten. Sie brauchen daher etwas Geduld und die Bereitschaft mit buddhistischem Gleichmut die Mühen der Ebene zu durchwandern.

Als Erstes starten wir den Browser und wählen uns in die Administrations-Oberfläche von WordPress ein. Dazu geben Sie direkt in die Adressleiste des Browsers die Internetadresse Ihres Blogs ein und ergänzen Sie mit einem Verweis zur Log-In-Seite: »www.domainname.de/wp-admin« (also zum Beispiel »www.schokohase.de/wp-admin«). Alternativ können Sie auch »www.domainname.de/wp-login.php« eingeben. Falls Sie WordPress nicht auf der obersten Verzeichnisebene (der Root) installiert haben, sondern in einem eigenen Verzeichnis (»test«, »blog«), schreiben Sie: »www.domainname.de/Verzeichnis/wp-admin«, also in unserem Fall »www.schokohase.de/website/wp-admin«.

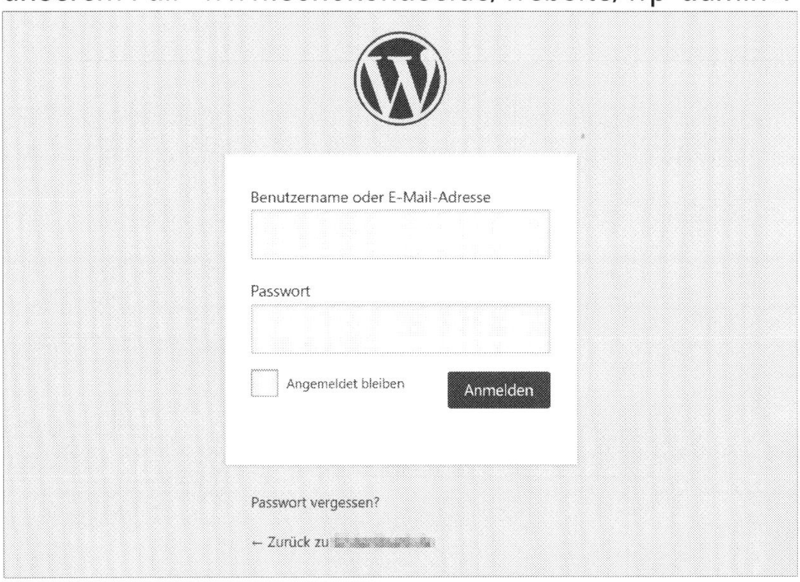

Die Anmeldung im Browser

Es erscheint eine Seite, auf der Sie sich mit Benutzernamen und Passwort anmelden können. Das sind die zuvor in der WordPress-Installation aus Kapitel 2 zum

Schluss gemachten Angaben. Beachten Sie immer die exakte Groß- und Kleinschreibung. Alles richtig gemacht?

Dann sollten Sie jetzt das WordPress-Dashboard (=Armaturenbrett) und die Startseite sehen. Hier finden sich verschiedene allgemeine Informationen zur Nutzung von WordPress, Hinweise auf erforderliche Aktualisierungen und letzte Aktivitäten. Als Erstes wollen wir die verschiedenen Menüpunkte kennenlernen.

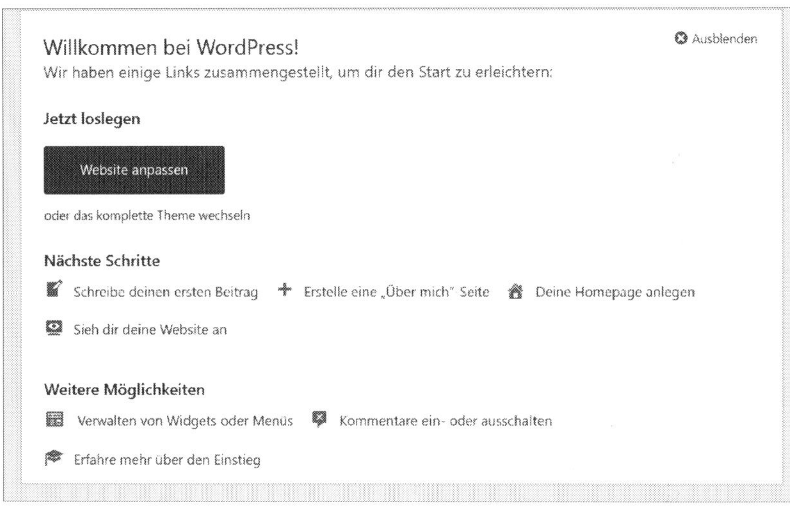

Das WordPress-Dashboard

Was finde ich wo?

Am linken Bildschirmrand ist die Menüleiste, die wir hauptsächlich nutzen. Sie bietet Zugriff auf alle Möglichkeiten in WordPress über die Menüpunkte »Dashboard«, »Beiträge«, »Medien«, »Seiten«, »Kommentare«, »Design«, »Plugins«, »Benutzer«, »Werkzeuge«, »Einstellungen«. Klicken Sie auf einen der Menüpunkte, öffnet sich jeweils ein Untermenü (außer bei »Kommentaren«). Über »Menü einklappen« ganz unten lassen sich die Menüpunkte ausblenden.

Am oberen Bildschirmrand ist eine weitere Menüleiste für den schnellen Zugriff auf häufig verwendete Funktionen. Ganz außen links oben sehen Sie das WordPress-Logo. Es führt zu Informationen über die aktuelle WordPress-Version und die externe WordPress-Seite »wordpress.org«. Rechts daneben sehen Sie ein Haus-Symbol mit dem Namen Ihrer Website. Damit können Sie Ihre Website direkt aufrufen. Sie verlassen dann allerdings die Administrationsoberfläche.

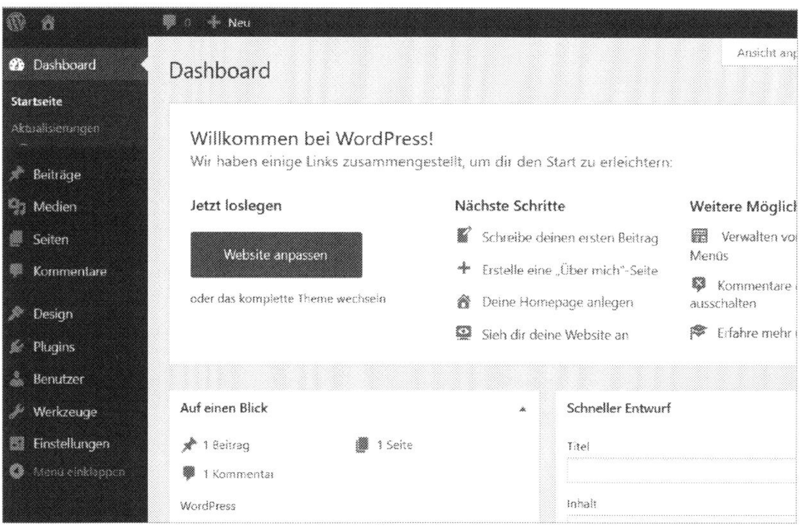

Die Menüleisten links und oben in der WordPress-Administration

Das nächste Symbol zeigt die Zahl der Kommentare und über das Plus-Zeichen (+) im Kreis kann man schnell und unkompliziert einen neuen Beitrag, eine Seite, einen Benutzer anlegen oder Medien in die Mediathek hochladen.

Ganz außen rechts wird der aktuell eingeloggte Benutzer mit seinem Benutzernamen angezeigt. Dort können – und sollten – Sie sich am Ende der Sitzung wieder ausloggen.

Wenn Sie Ihre Website aufbauen, werden Sie immer wieder zwischen dieser Administrationsoberfläche, dem »Backend«, und dem »Frontend«, das der Besucher Ihrer Website sieht, wechseln wollen und müssen, um zu prüfen, wie sich Ihre Änderungen auswirken. Das können Sie in der oberen Menüleiste über das Haus-Icon machen.

Mein Tipp: Ich arbeite lieber parallel in zwei Browser-Tabs. In einem Browser-Tab habe ich das Backend der WordPress-Administration geöffnet, in dem anderen Tab das Frontend, die Website. Dazu mache ich auf der Administrationsoberfläche einen Rechtsklick auf das Haus-Icon mit dem Namen meiner Website und wähle dann in dem erscheinenden Kontextmenü »Link in einem neuen Tab öffnen« aus.

So habe ich in einem Tab meine WordPress-Administrationsoberfläche, in einem zweiten kann ich überprüfen, wie sich meine Änderungen konkret auswirken. Aber wie Sie das machen, ist Geschmackssache.

Wir arbeiten zunächst eine Weile mit dem vorgegebenen WordPress-Layout, um die Grundfunktionen des Systems zu testen. Das ist zwar optisch nicht so spannend und sieht wenig nach toller Website aus, aber ich empfehle Ihnen, es ebenso zu handhaben. So können Sie die Inhalte des Buchs besser nachvollziehen. Versuchen Sie

Ihren verständlichen Wunsch nach »schöneren« Layouts einzudämmen, und keine Angst, Sie werden schnell dorthin gelangen.

Sinnvolle Grundeinstellungen

Bevor man seine Seite mit Inhalten füllt, sollte man ein paar grundsätzliche Dinge festlegen.

Dies betrifft zum einen die Kommentarfunktion. Sie haben anhand der Fragen in Kapitel 1 vermutlich einen Plan gemacht und wissen in etwa, wie Ihre Seite aufgebaut werden soll. Sie wissen also, ob Sie ein Blog bauen oder integrieren wollen. In klassischen Blogs haben die Besucher*innen der Seite die Möglichkeit, Kommentare zu den Beiträgen zu machen. Daher ist diese Variante in WordPress die Standard-Voreinstellung in dem Menüpunkt »Einstellungen – Diskussion«. Wenn Sie diesen Menüpunkt aufrufen, sehen Sie, dass dort »Besuchern erlauben, neue Beiträge zu kommentieren« aktiviert ist. Jeder neue Beitrag, den Sie machen, kann also durch Besucher*innen Ihrer Website kommentiert werden.

Wenn Sie das so wollen, prima. Wenn nicht, sollten Sie dieses Häkchen deaktivieren. Die Menschen haben dann keine Möglichkeit, Beiträge zu kommentieren. Wenn Sie diese Einstellung am Anfang treffen, spart es Ihnen die Mühe, im Nachhinein bei jedem Beitrag einzeln die Kommentarmöglichkeit wieder zu deaktivieren. Sie können sich natürlich jederzeit wieder anders entscheiden.

Im Menüpunkt »Einstellungen – Allgemein« können Sie außerdem, wenn wir schon mal dort sind, den Titel und Untertitel Ihrer Seite angeben, also z. B. als Titel »Edelzar« und als Untertitel »Schmuckdesign von Linda Lindenbaum«. Sie können sich auch für ein bestimmtes Datums- und Zeitformat Ihrer Beiträge entscheiden.

Wenn Sie ein Blog betreiben wollen, sollten Sie sich außerdem den Menüpunkt »Einstellungen – Permalinks« ansehen. Permalinks sind permanente Hyperlinks zu einzelnen Elementen. Jeder Beitrag, jede Seite, jedes hochgeladene Bild hat in WordPress durch seinen Permalink eine eigene Internetadresse (URL), unter der er/sie/es dauerhaft zu finden ist. Es ist meist sinnvoll, hier die Variante »Beitragsname« zu wählen, denn diese »sprechenden Links« können von Suchmaschinen als Text gut ausgewertet werden. Sollte der Text einmal zu lang ausfallen, können Sie ihn im Beitrag selbst noch anpassen.

Wir werden auf den Menüpunkt »Einstellungen« später noch einmal zurück kommen. Für den Anfang reicht das völlig. Die jetzt von Ihnen getroffenen Eintragungen lassen sich jederzeit ändern.

Wichtig zu wissen: Logisch betrachtet würde man denken, man legt bei einer neuen Website zuerst seine Menüpunkte fest und befüllt diese dann mit Inhalten. Bei WordPress funktioniert es aber genau andersherum. Erst die Inhalte, dann daraus die Navigation. Solange ich noch keine Beiträge, Seiten oder Kategorien in WordPress gemacht habe, kann ich überhaupt kein sinnvolles Menü anlegen. Es ist so ein bisschen das Prinzip »Ich fange mal an zu schreiben und sortiere dann später«. Denken Sie immer daran, dass WordPress als Blog-System konzipiert ist, nicht als Homepage-Baukasten.

Wenn Sie im Anschluss Ihre »richtige« Website machen, sollten Sie trotzdem vorher festgelegt haben, wie Ihre Menüpunkte heißen sollen. Aber für diese Planung reicht uns ja ein Blatt Papier.

Sollten Sie mit WordPress nur statische Einzelseiten anlegen wollen und kein Blog einsetzen, dann nutzen Sie WordPress eben in einer etwas anderen als der eigentlich vorgesehenen Weise. Das ist völlig in Ordnung.

Für die Lernphase nehmen wir jedoch zunächst den klassischen Weg des Blogs und fangen mit dessen kleinsten Einheit, dem Beitrag, an.

Ein Blog ist ein Blog ist ein Blog

... und besteht aus vielen einzelnen Beiträgen. Auf diesem Prinzip basiert das WordPress-System – auch wenn es die unterschiedlichsten optischen Gestaltungsmöglichkeiten gibt.

»Beiträge« sind der Grundbaustein eines Blogs. Manchmal verwende ich auch den Begriff »Artikel«, so hießen Beiträge in den früheren Versionen von WordPress. Im Englischen heißen Beiträge übrigens »Posts«. Sie können formatierten Text enthalten, Bilder, Fotogalerien oder verschiedene andere Medienelemente. Je nach der Einstellung, die Sie unter »Einstellungen – Diskussion« gewählt haben, können Beiträge von Ihren Besucher*innen kommentiert werden.

Beiträge können »Kategorien« zugeordnet werden (wie z. B. Fotos, News, Reise, Ideen etc.) und auf diese Weise in Themenbereiche strukturiert werden. Diese Zuordnung in eine oder mehrere Kategorien kann später für die optische Gestaltung des Layouts eine wichtige Rolle spielen. WordPress hat zu Beginn bereits eine feststehende Kategorie, und zwar »Allgemein« (englisch »Uncategorized«). Diese kann nicht gelöscht werden. Das wäre auch nicht sinnvoll. Jeder neue Beitrag wird von WordPress automatisch dieser Kategorie »Allgemein« zugeordnet, ansonsten könnte er nicht im Blog erscheinen.

Beiträge können außerdem mit Schlagworten (englisch »Tags«) belegt werden. Schlagworte funktionieren wie Stichworte, es sind Schlüsselbegriffe, die man sinnvollerweise aus den Inhalten der einzelnen Beiträge erzeugt. Betrachten Sie Schlagworte als Verfeinerungen der Kategorien. Wenn Sie keinen Blog in Ihre Website integrieren oder betreiben wollen, brauchen Sie keine Schlagworte anzulegen.

Ein Beispiel: Schmuckdesignerin Lindenbaum macht vier neue Beiträge, davon ordnet sie zwei der Kategorie »Ringe« zu, einen der Kategorie »Ketten« und einen zu »Ringen« und »Ketten«. Schlagworte könnten dann bei den ersten beiden sein: »Gold«, »Hochzeit«, »Schmuckstein«, »Karat«, »Diamant«, bei dem dritten Beitrag »Gold«, »Schmuckstein«, »Perlen«, »Anhänger«.

In Kapitel 1 hatte ich es bereits angesprochen – mit der Version 5 haben die WordPress-Entwickler*innen den Gutenberg-Editor für Beiträge und Seiten eingeführt. Die Layouts von Beiträgen und Seiten werden jetzt mithilfe von »Blöcken« erstellt. So gibt es Blöcke für Absätze, Überschriften, Bilder, Galerien, Listen, Zitate und viele weitere Elemente. Alle anderen Möglichkeiten von WordPress sind im Wesentlichen gleich geblieben.

Startschuss für das klassische Blog

Um WordPress besser zu verstehen, wollen wir als Erstes für unser Blog ein paar Beiträge erstellen. Wenn Sie schon ganz sicher sind, dass Sie auf keinen Fall Beiträge einsetzen wollen, also keinen Blog-Anteil in Ihre Website einbringen wollen, sondern eine rein statische Internetseite nur aus einzelnen Seiten gestalten wollen, können Sie gerne zu Kapitel 4 springen. Ich empfehle Ihnen aber trotzdem, das Anlegen der Beiträge zumindest kurz zu testen.

Die überflüssig erstellten Beiträge lassen sich später problemlos löschen oder deaktivieren. Da Beiträge das Kernelement der WordPress-»Philosophie« sind, wird Ihnen das im Verständnis aller anderen Möglichkeiten von WordPress weiterhelfen, vor allem im Hinblick auf die sinnvolle Auswahl eines Layouts (»Themes«).

Wenn Sie wissen, wie man einen Beitrag macht, ist die Erstellung einer Seite nur noch ein Klacks, denn viele Möglichkeiten sind ähnlich. Beiträge ebenso wie Seiten werden mit dem Gutenberg-Editor angelegt. Im Folgenden wird das Block-System des Gutenberg-Editors grundsätzlich erklärt.

Auf zum ersten Beitrag

Wählen Sie in der Menüleiste links »Beiträge – Erstellen« oder in der Menüleiste oben »Neu – Beiträge«. Sie gelangen auf eine Seite, die zunächst einmal enttäuschend leer aussieht. Das ist unser erster Kontakt mit dem Gutenberg-Editor.

In der Mitte ist der Bereich, in dem wir unsere Blöcke auswählen und zu einem Beitrag gestalten. Rechts haben wir eine neue Spalte, dort können wir zusätzliche Einstellungen zum ganzen Beitrag oder einzelnen Blöcken treffen – ignorieren Sie diesen Bereich fürs Erste, wir werden uns später damit beschäftigen.

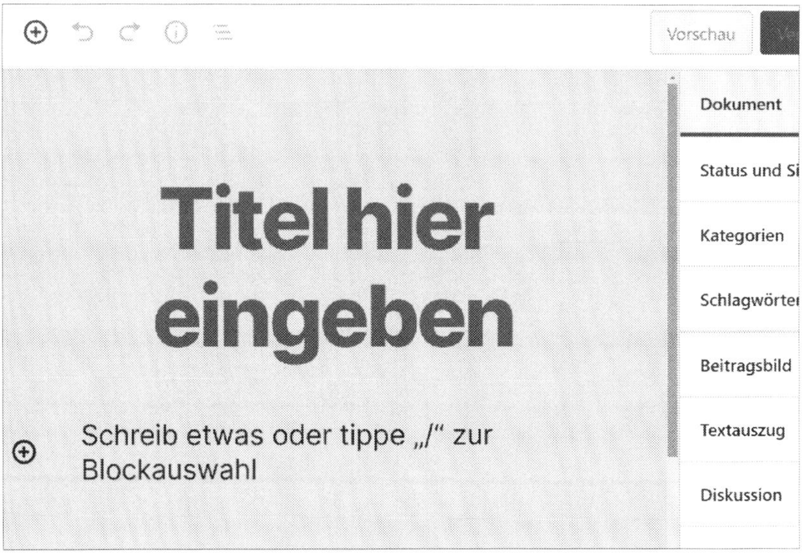

Einen Beitrag im Gutenberg-Editor erstellen

Die Einfügemarke blinkt, nachdem Sie die Infobox oben rechts (»Willkommen in der wunderbaren Welt der Blöcke«) deaktiviert haben, bei »Titel hier eingeben« – also geben wir unserem Beitrag hier einen Titel, z. B. »Der erste Beitrag von Louise Schmitt«. Dann klicken wir direkt unterhalb des Titels erneut und schreiben unseren Text. Damit erzeugen wir automatisch einen »Absatz«-Block. Das ist die Bezeichnung in WordPress für einfachen (Fließ)-Text. Wir könnten auch auf das Pluszeichen klicken und in dem Fenster den Block »Absatz« auswählen. Oder auf das Pluszeichen oben links. Sie sehen, es gibt verschiedene Wege – wählen Sie einfach den, der Ihnen am sympathischsten ist.

Um den Beitrag in unserem Blog zu sehen, klicken wir anschließend oben rechts die Schaltfläche »Veröffentlichen«, kontrollieren noch einmal, ob Alles stimmt und klicken ein weiteres Mal auf »Veröffentlichen«. Nur wenn Sie zweimal klicken, geht der Beitrag online und Sie erhalten die Meldung »(...) ist jetzt live«. Um zu prüfen, ob es wirklich geklappt hat, wechseln wir in die Benutzeransicht unseres Blogs, entweder über das Haus-Symbol oben oder mittels der von mir beschriebenen Zwei-Tab-Methode. Wahrscheinlich müssen Sie die Seite im Browser neu laden, um die Änderungen zu sehen, am einfachsten geht das mit der F5-Taste. Ist der Beitrag da? Prima, weiter geht's. Nein, kein Beitrag zu sehen? Aktualisieren Sie vorsichtshalber noch einmal mit F5 und prüfen Sie, ob Sie ihn wirklich richtig veröffentlicht haben.

Sie wollen den Text noch ein bisschen ändern oder ergänzen? Wechseln Sie zurück zum Gutenberg-Editor, klicken einfach in den Text und schreiben oder korrigieren drauf los. Dann klicken Sie oben rechts wieder auf die blaue Schaltfläche – dort steht jetzt »Aktualisieren«. Sie haben damit die wesentlichen Schritte in der Gestaltung eines Beitrages kennen gelernt: Etwas erstellen oder ändern, veröffentlichen oder aktualisieren, anschließend das Prüfen im Browser.

Was steht denn da noch alles auf meiner Seite?

Wechseln Sie vom Backend der WordPress-Administration zum Frontend der Benutzeransicht Ihrer Internetseite und sehen Sie sich das bisherige Ergebnis etwas genauer an: Ganz oben, unter dem Titel und Untertitel der Website, sollte Ihr erster eigener Beitrag erscheinen, darunter ein Beitrag namens »Hello World!«. Dies ist der Standard-Beitrag, der im WordPress-System bereits vorgegeben ist. Sie können ihn zunächst ignorieren und dann später löschen oder umarbeiten.

Unterhalb dieser chronologischen Auflistung Ihrer (aktuell zwei) Beiträge sehen Sie die Abschnitte: »Suche«, »Neueste Beiträge«, »Neueste Kommentare«, »Archive«, »Kategorien«, »Meta«. Diese Layout-Elemente werden durch Widgets erzeugt (Kapitel 7) und zählen zu den klassischen Bestandteilen eines typischen Blogs. Sie können sie später noch problemlos ändern, entfernen oder ergänzen. Im Moment schenken wir diesen sonderbaren Elementen einfach keine große Beachtung.

Wichtige Blöcke im Gutenberg-Editor

Kehren wir wieder zurück zur WordPress-Administration und zu unserem Beitrag. Wenn Sie einfach nur drauf los schreiben, geht WordPress davon aus, dass Sie einen einfachen Absatz schreiben wollen und setzt entsprechend den Block **»Absatz«** ein. Es gibt aber noch viele andere Typen von Blöcken. Wenn Sie bereits einmal auf das Pluszeichen geklickt haben, haben Sie sicher gesehen, dass Sie außer dem Block »Absatz« noch mehr zur Verfügung haben. Überfahren Sie die einzelnen Typen mit der Maus, wird Ihnen jeweils eine kurze Erklärung mit Vorschau eingeblendet. Ganz oben in der Auflistung finden Sie zunächst die »Meistgenutzten« Blöcke, danach folgen »Allgemeine Blöcke« (die zu Beginn den »Meistgenutzten« im Wesentlichen entsprechen). Wenn Sie aus einem aktiven Absatz-Block heraus auf das Pluszeichen klicken, erscheint dazwischen noch der Abschnitt »Inline-Elemente«. Diese Feinheiten sind zu Beginn aber nicht von Bedeutung. Es folgen die Blöcke »Formatierung«, »Layout-Elemente«, »Widgets« und »Einbettungen«.

Das klingt jetzt wieder recht viel und vielleicht verwirrend. Für den Anfang reicht es völlig, wenn Sie sich aus dem Fundus »Meistgenutzte« bzw. »Allgemeine« Blöcke bedienen.

Wollen Sie zum Beispiel einen längeren Text schreiben, der unterschiedliche Überschriften enthält, vielleicht eine Liste oder ein Zitat? Dann versuchen Sie Folgendes: Wählen Sie den Block **»Überschrift«** und geben Sie eine aussagekräftige Überschrift ein. Sie können die Überschrift in verschiedenen Größen einstellen (genannt H2-H4, HTML-Kennern wird das bekannt vorkommen), fett oder kursiv machen oder mit einem Link belegen. Probieren Sie es einfach aus.

Wählen Sie wieder den Block »Absatz« und geben einen Text ein. Um anschließend eine Liste zu erstellen, wählen Sie den Block **»Liste«**. Es wird automatisch ein sogenannter »Bullet Point« eingesetzt. Sie können diese Listenpunkte auch in Ordnungszahlen umwandeln, je nach Bedarf. Geben Sie ein Wort ein, drücken Sie die Enter-Taste und schon sind Sie beim nächsten Listenpunkt. Listen können übrigens ineinander verschachtelt werden mithilfe der Einrücksymbole.

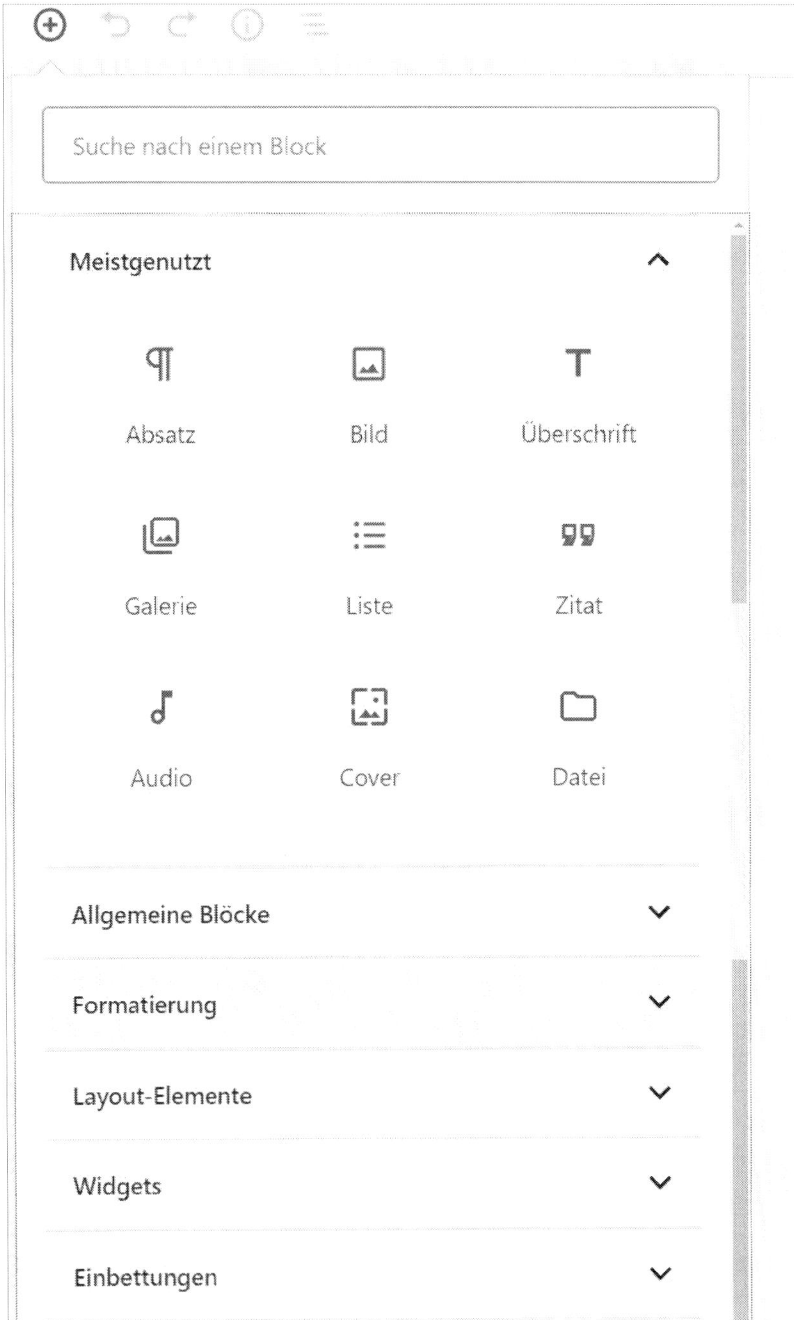

Verschiedene Block-Typen in WordPress

Zum Schluss wollen wir noch ein Zitat hinzufügen und wählen den Block »**Zitat**«. Ein Zitat besteht immer aus dem Zitatinhalt und der Quelle, der Autorin bzw. dem Autor. Tragen Sie beliebige Angaben ein, veröffentlichen Sie Alles und prüfen Sie die Ansicht im Browser.

Damit haben wir jetzt einige wesentliche Textelemente ausprobiert. Vielleicht haben Sie schon bemerkt, dass sich, wenn Sie in einem Block aktiv sind, das erste Icon links ändert, sobald Sie mit der Maus darüber fahren. Sie können die Blöcke also umwandeln in andere Arten von Blöcken, wenn Sie sich einmal vertan haben oder aus anderen Gründen eine Änderung wünschen.

Die Blöcke sollen – genau wie die Gutenberg-Lettern aus dem 15. Jahrhundert – Flexibilität ermöglichen. Sie können also beliebig Inhalte aus dem einen Block in einen anderen Block mit Copy+Paste herüber kopieren. Außerdem kann man die Blöcke auch in der Reihenfolge verschieben. Wenn Sie mit der Maus über einem Block schweben, erscheinen am linken Rand des Elements Pfeile, die nach oben und unten weisen. Damit können Sie den Block eine Stufe nach unten oder oben versetzen.

Was zunächst nicht geht: Die Blöcke nebeneinander stellen oder ganz frei auf der Fläche verteilen. Aber wir werden sehen, es gibt immerhin die Möglichkeit Spalten anzulegen. Wir sind also beweglich, nur eben in Grenzen.

Endlich Bilder in den Beitrag

Beiträge nur mit Text sind auf die Dauer etwas eintönig, und bestimmt haben Sie den dazugehörigen Block **»Bild«** vorhin schon entdeckt. Damit können wir Bilder in unsere Beiträge bringen. Legen Sie zum Testen am besten einen neuen Beitrag an, wir brauchen für unser Blog ohnehin mehrere Beiträge. Geben Sie zunächst wieder einen aussagekräftigen Titel für den Beitrag ein und wählen Sie dann den Block-Typ »Bild« aus.

Sie haben zum Einfügen von Bildern drei Möglichkeiten: »Hochladen«, »Mediathek«, »von URL einfügen«. Bilder aus der Mediathek einzufügen macht nur Sinn, wenn dort bereits Bilder vorhanden sind. Da unsere Mediathek aber noch leer ist, laden wir als Erstes ein Bild von unserem Computer hoch. Dadurch kommt es automatisch in die Mediathek und kann später auch an anderen Stellen Ihrer Internetseite verwendet werden. Sie finden die Mediathek unter dem Menüpunkt »Medien« in der linken Menüleiste – dazu später mehr.

Sie können auch Bilder von einer URL einfügen, also von einer anderen Internetseite (URL = uniform resource locator, die komplette Internetadresse in der Adresszeile des Browsers, also http://www.meineadresse.de). Dieses Bild wird dann allerdings nicht in die Mediathek hochgeladen. Es wird nur von der externen Seite verlinkt. Sollte es von der externen Seite gelöscht werden, wird es auch auf Ihrer Seite nicht mehr erscheinen.

Ich würde daher von dieser Variante abraten, da Sie keine Kontrolle über das Bild haben und die Bildrechte problematisch sein können. Grundsätzlich sollten Sie ohnehin nur Bilder verwenden, an denen Sie die Bildrechte haben, entweder weil Sie das Bild selbst gemacht haben oder weil Sie es über eine (kommerzielle) Bilddatenbank lizensiert haben.

Bilder können mit Beschriftungen versehen werden, die unter dem Bild mit kleiner Schrift angezeigt werden. Bilder können auch neben einem Text platziert werden. Wandeln Sie dazu den Block-Typ »Bild« wie weiter oben beschrieben um in den Typ »Medien und Text« (das ist ein Block-Typ aus der Abteilung »Layout-Elemente«).

Vergessen Sie nicht Ihren neuen Beitrag im Anschluss zu »Veröffentlichen« bzw. zu »Aktualisieren« und wieder im Browser zu prüfen, ob alles geklappt hat.

Was soll eigentlich die Leiste rechts?

Wenn Sie an einem Beitrag arbeiten, sehen Sie am rechten Rand des Bildschirms eine Seitenleiste (siehe nächste Abbildung). Sie enthält einige wichtige und nützliche Einstellmöglichkeiten. Sie können wählen zwischen Einstellungen für das ganze »Dokument« (damit ist der komplette Beitrag gemeint, mit allen einzelnen Blöcken) und Einstellungen für einen einzelnen »Block«, also für ein bestimmtes Element des Beitrages.

Die Einstellungen für das ganze Dokument betreffen: »Status und Sichtbarkeit«, »Permalink« (nur sichtbar bei bereits gespeicherten Beiträgen), »Kategorien«, »Schlagwörter«, »Beitragsbild«, »Textauszug«, »Diskussion« und »Beitrags-Attribute«. Diese wollen wir uns nun etwas näher ansehen.

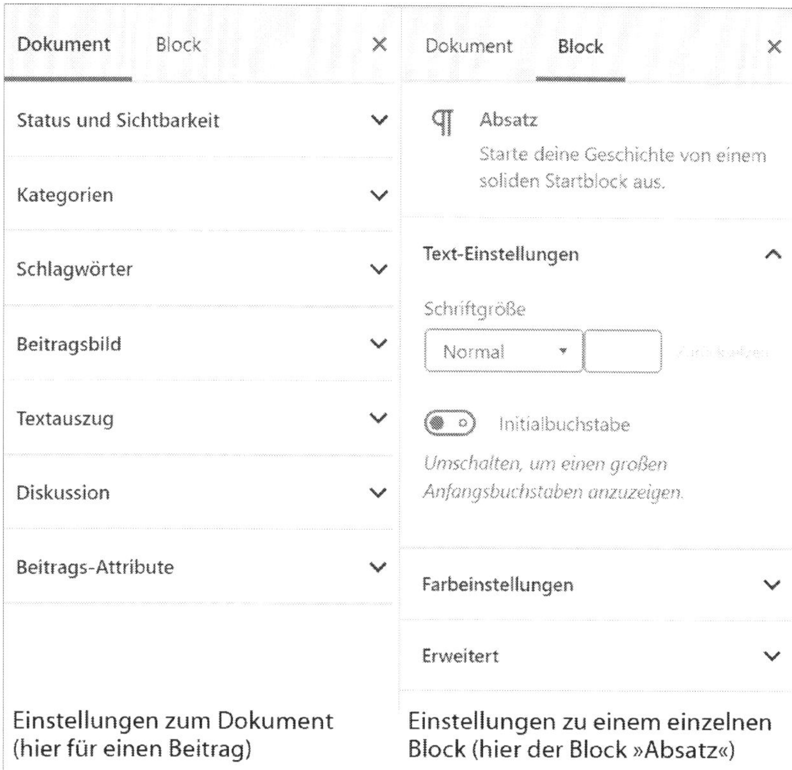

Möglichkeiten in der Seitenleiste zu Dokument und Block

Normalerweise ist ein Beitrag sofort online, wenn Sie ihn veröffentlichen, das haben wir bereits gesehen. Da das nicht immer gewünscht ist, können Sie in »**Status und Sichtbarkeit**« festlegen, dass der Beitrag vorerst nur »privat« oder »passwortgeschützt« sichtbar sein soll. Oder Sie können ein Veröffentlichungsdatum in der Zukunft festlegen, wenn Sie einen Beitrag zwar vorab schreiben, aber erst zu einem bestimmten Datum online stellen wollen.

Bearbeiten Sie einen bestehenden Beitrag, erscheint an zweiter Stelle die Option »**Permalink**«. Hier wird Ihnen der dauerhafte (Hyper-)Link angezeigt, der zu Ihrem Beitrag führt. Durch Anklicken können Sie eine Vorschau des Beitrags in einem neuen Browserfenster aufrufen.

Im Abschnitt »**Kategorien**« können Sie den Beitrag einer oder mehreren Kategorien zuordnen. Sie sehen, dass ein neuer Beitrag zunächst automatisch der Kategorie »Allgemein« zugeordnet wird. Hier können Sie auch direkt neue eigene Kategorien erstellen. Das Thema Kategorien wird später noch ausführlicher erläutert.

Gleiches gilt für den Abschnitt »**Schlagwörter**« – Sie können für den Beitrag hier direkt Schlagwörter anlegen. Für die Schlagwörter gibt es ebenso wie für die Kategorien übrigens einen eigenen Menüpunkt in der linken Menüleiste.

Nächster Punkt ist das »**Beitragsbild**«. Damit sollten Sie sich kurz beschäftigen. Wir haben vorhin ein Bild direkt in den Beitrag eingefügt. Das »Beitragsbild« hat jedoch eine ganz andere Funktion, denn es gehört nicht zum Inhalt des Beitrages. Es dient als eine Art »Teaser«, der außerhalb des Beitrages erscheint. Beitragsbilder werden je nach dem von Ihnen gewählten Layout-Theme unterschiedlich verwendet. Manche Themes setzen sie zum Beispiel als Vorschau-Galerien oder für die Erzeugung eines magazinartigen Aussehens ein. Es kann daher durchaus erforderlich sein, seinen Beiträgen konsequent Beitragsbilder zuzuordnen, damit das Layout eines Themes wie gewünscht funktioniert. Unser aktuelles Theme »Twenty Twenty« zeigt die Beitragsbilder zwischen Beitragstitel und Beitragstext. Betrachten Sie das Beitragsbild wie eine Einstimmung in den zugehörigen Beitrag. Ob Sie überhaupt Beitragsbilder verwenden wollen, hängt sehr von dem Theme ab und ist Ihre Entscheidung.

Im Abschnitt **»Textauszug«** können Sie einen eigenen Teaser-Text für den Beitrag machen. Wenn Sie ein Blog mit mehreren Beiträgen haben, dann wird in der Auflistung der Beiträge normalerweise nicht der ganze Text des Beitrages angezeigt, sondern nur der Anfang. Dieser kurze Text ist einfach der Beginn des Beitrages. Wenn Sie lieber einen eigenen Auszug formulieren wollen, können Sie das hier tun.

Der Abschnitt **»Diskussion«** betrifft die Möglichkeit für Kommentare. Sie können diese hier für einen Beitrag erlauben oder deaktivieren. Wenn Sie grundsätzlich keine Kommentare erlauben wollen, sollten Sie das vorher allgemein deaktivieren. Sie könnten dann hier wieder individuell Kommentare zulassen.

Ebenso können Sie an dieser Stelle **»Pingbacks«** und **»Trackbacks«** erlauben. Der Gedanke hinter diesen beiden Möglichkeiten ist, eine sinnvolle Vernetzung von Bloggern untereinander auf einfache Weise zu ermöglichen. Sind Pingbacks aktiviert, erhalten Sie automatisch eine Benachrichtigung, wenn andere auf Beiträge Ihres Blogs verlinken. So können Sie erkennen, wer auf Ihre Inhalte verweist. Trackbacks dagegen müssen manuell gemacht werden. Sie dienen dazu auch Beiträge zu Nicht-WordPress-Blogs verlinken zu können. Gelegentlich werden diese Trackbacks von Spammern missbraucht, das lässt sich aber mit dem Plugin »Antispam Bee« eindämmen. Wenn Sie mit Ihrer Website mehr in Richtung Blogging gehen wollen, sollten Sie sich mit Pingbacks und Trackbacks näher beschäftigen, wenn nicht, deaktivieren Sie einfach diese Funktionen.

Der letzte Abschnitt heisst **»Beitrags-Attribute«**. Die Auswahl an Beitragsattributen hängt von dem jeweiligen Theme ab. Bei »Twenty Twenty« haben wir »Standard-Template«, »Cover-Template« und »Template für weite Breite«. Dadurch ändert sich die Darstellung der Beitragsbilder.

Neben den Einstellungen für das »Dokument« finden wir Einstellungen für den einzelnen »Block«. Diese hängen von dem ausgewählten Block ab und unterscheiden sich daher sehr. Wenn Sie in Ihrem Beitrag einen »Absatz«-Block markieren, erscheinen in der rechten Spalte mögliche zusätzliche Einstellungen zu diesem Block. Sie können dort die Schriftgröße ändern, den Absatz mit einer Initiale beginnen lassen oder die Farben verändern. Wenn Sie einen »Überschrift«-Block auswählen, können Sie hier die Überschriftgröße beeinflussen.

Bei einem **»Bild«-Block** können Sie die Größe verändern und dem Bild einen alternativen Text (Alt-Text) hinzufügen, so wie dies auch in der Mediathek möglich ist. Außerdem können Sie unter »Link-Einstellungen« entscheiden, was beim Anklicken des Bildes passieren soll:

- **»Keine«** – beim Anklicken passiert nichts.
- **»Medien-Datei«** – das Bild wird beim Anklicken isoliert in seiner Originalgröße im Browser aufgerufen.
- **»Anhang-Seite«** – das Bild erscheint beim Anklicken als eigene Seite, mit seinem Titel und seiner Beschreibung (diese können in der Mediathek festgelegt werden, siehe hierzu auch den Abschnitt »Mediathek« weiter unten).
- **»Individuelle URL«** – beim Anklicken des Bildes wird eine Internetadresse aufgerufen. Diese kann intern oder extern liegen und frei festgelegt werden.

Bei den letzten drei Varianten können Sie außerdem bestimmen, ob der Link in einem neuen Tab geöffnet wird.

Es würde an dieser Stelle zu weit führen, alle Einstellmöglichkeiten für alle Blöcke einzeln durchzugehen. Probieren Sie es einfach aus – die meisten Optionen sind selbsterklärend.

Einen Beitrag ändern und aktualisieren

Alle von uns geschriebenen Beiträge werden links in dem Menüpunkt »Beiträge – Alle Beiträge« aufgelistet. Möchten Sie einen Beitrag verändern, können Sie den Beitragstitel in dieser Liste einfach direkt anklicken – Sie gelangen dann wieder in den Gutenberg-Editor. Oder Sie fahren mit der Maus über den Beitragstitel, dann erscheinen darunter verschiedene Auswahlmöglichkeiten, unter anderem »Bearbeiten«. Auch das führt uns wieder zum Gutenberg-Editor. Denken Sie immer daran nach jeder Änderung den Beitrag zu »Aktualisieren« (Button ganz oben rechts), ansonsten wird die Änderung nicht wirksam.

Vielleicht haben Sie vorhin in der Übersicht »Beiträge – Alle Beiträge« neben dem Wörtchen »Bearbeiten« auch das Wort **»Quickedit«** entdeckt. Klicken Sie darauf, können Sie einige allgemeine Aspekte Ihres Beitrages einstellen, ohne den Gutenberg-Editor starten zu müssen. Es handelt sich im Wesentlichen um Punkte, die Sie bereits aus dem Gutenberg-Editor in der Spalte »Dokument« kennen. Sie sehen – wie so häufig führen verschiedene Wege zum Ziel.

Was bieten Blöcke noch für Möglichkeiten?

Sie haben bereits gesehen, dass es außer den hier vorgestellten noch eine Vielzahl weiterer Block-Typen gibt.

Am meisten werden Sie zunächst die Blöcke aus der Kategorie »Allgemeine Blöcke« nutzen. Wenn Sie Mediendateien einfügen wollen, stehen Ihnen hier neben dem schon bekannten Block »Bild« noch die Blöcke »Audio«, »Video« und »Datei« zur Verfügung. Sie funktionieren ähnlich wie der Block »Bild«, das heißt Sie laden entweder eine Audio-Datei (z. B. MP3), eine Video-Datei (z. B. MP4) oder eine Datei beliebigen Typs (z. B. PDF/ DOC/ PPT) in Ihre Mediathek hoch und fügen diese in Ihren Beitrag ein.

Je nach Dateityp kann dann später der Besucher die Datei anhören, abspielen, aufrufen oder downloaden.

Ein bisschen eigen funktioniert der Block **»Cover«**. Hier laden Sie wieder ein Bild hoch und können dann auf das Bild direkt einen Text »drauf schreiben«. Diesen Text können Sie zusätzlich mit einem Link versehen. Der Block-Typ »Cover« lässt sich daher gut für einen Bild-Text-Hinweis nutzen, der zu anderen Inhalten führt, wie zum Beispiel eine kleine Werbeanzeige oder einen Veranstaltungshinweis.

Die Block-Typen unter **»Formatierung«** können Sie zu Beginn Ihrer WordPress-Karriere getrost außer Acht lassen, hier sind tiefere Vorkenntnisse für die Nutzung erforderlich. Wenn Sie es trotzdem probieren möchten, nur zu. Starten Sie vielleicht mit dem Block-Typ »Tabelle« und legen Sie eine einfache Tabelle in Ihrem Beitrag an.

Die Block-Typen unter **»Layout-Elemente«** bieten ebenfalls einige interessante Möglichkeiten. Hier können Sie zum Beispiel »Spalten« wählen, wenn Sie in Ihrem Beitrag Inhalte nebeneinander positionieren wollen. Die Anzahl der Spalten (maximal 6) legen Sie in der Sidebar rechts fest. Jede Spalte kann Ihrerseits wieder mit den bekannten Block-Typen wie Absatz, Überschrift, Bild, etc. gefüllt werden, (und auch mit Spalten, ja, aber ob das so sinnvoll ist...?).

Außerdem finden Sie in »Layout-Elemente« verschiedene Hilfen zur Textstrukturierung sowie die Möglichkeit direkt einen Button einzufügen, den Sie beliebig auf Inhalte innerhalb Ihrer Webpräsenz oder auf externe Seiten verlinken können.

Jetzt fehlt uns noch der Block-Typ »**Widgets**«. Das Thema der Widgets (»Window Gadgets«, also Zusatz- oder Spielzeugfenster) wird uns in Kapitel 7 noch beschäftigen. Einige dieser Widgets wurden als Block-Elemente übernommen, vorwiegend solche aus dem Themenbereich Bloggen. Fürs Erste können Sie diesen Block-Typ ignorieren, da er für die Funktion Ihrer Seite nicht wesentlich ist. Wenn Sie die Widgets kennen gelernt haben, werden auch diese Block-Typen kein Rätsel mehr für Sie darstellen.

Interessanter ist dagegen vielleicht für manche der Block-Typ »**Einbettungen**«. Wenn Sie auf Ihrer Seite Inhalte von anderen Plattformen einbetten wollen (z. B. von Facebook, YouTube, Instagram etc.), dann wird Ihnen das mit diesen Block-Typen sehr erleichtert.

Zunächst wählen Sie die gewünschte Plattform aus der Liste aus und erzeugen damit den entsprechenden Block. In einem zweiten Browser-Tab sollten Sie nun die Seite mit dem gewünschten Inhalt (z. B. ein spezielles YouTube-Video oder einen Facebook-Link) aufrufen. Markieren Sie in der Adressleiste des Browsers die vollständige

URL und kopieren Sie diese mit STRG+C oder über das Kontextmenü. Dann wechseln Sie wieder zurück zu der WordPress-Administration und fügen die URL dort mit STRG+V in die Maske ein. Fertig!

Beiträge in Kategorien ordnen

WordPress wurde entwickelt, um mit einem möglichst einfachen System Blogs ins Internet stellen zu können. Man ging davon aus, dass die Nutzer von WordPress vor allem viele, viele einzelne Beiträge schreiben würden. Das führte zu der Überlegung, dass man solche Mengen von Beiträgen irgendwie strukturieren muss, damit Betreiber ebenso wie Besucher der Website eine Orientierung haben. Dazu entwickelte man die sogenannten »Kategorien«. Kategorien dienen der Ordnung der Beiträge und können von Ihnen als Websitebetreiber*in beliebig angelegt werden. Sie können sie also ganz den Inhalten Ihres Blogs anpassen. Mögliche Kategorien wären z. B. »Politik«, »Fotos«, »Events«, oder im Falle unserer Schmuckdesignerin »Ringe«, »Armbänder« »Silber«, »Gold« oder Ähnliches. Sie können Beiträge auch mehreren Kategorien zuordnen, also z. B. sowohl zu »Ringe« als auch zu »Gold«.

Die Kategorienamen kann man dann in der Navigation als Menüpunkte verwenden. Wenn Besucher auf den Menüpunkt »Gold« klicken, erscheinen dort automatisch alle Beiträge, die der Kategorie Gold zugeordnet sind.

Wenn Sie Kategoriebezeichnungen als Menüpunkte nutzen, erzeugen Sie im Grunde mehrere parallele Blogs, deren Inhalte sich überschneiden können. Das macht aus Marketingsicht durchaus Sinn, da die Besucher so an verschiedenen Stellen auf den gleichen Inhalt stoßen. Steter Tropfen höhlt den Stein...

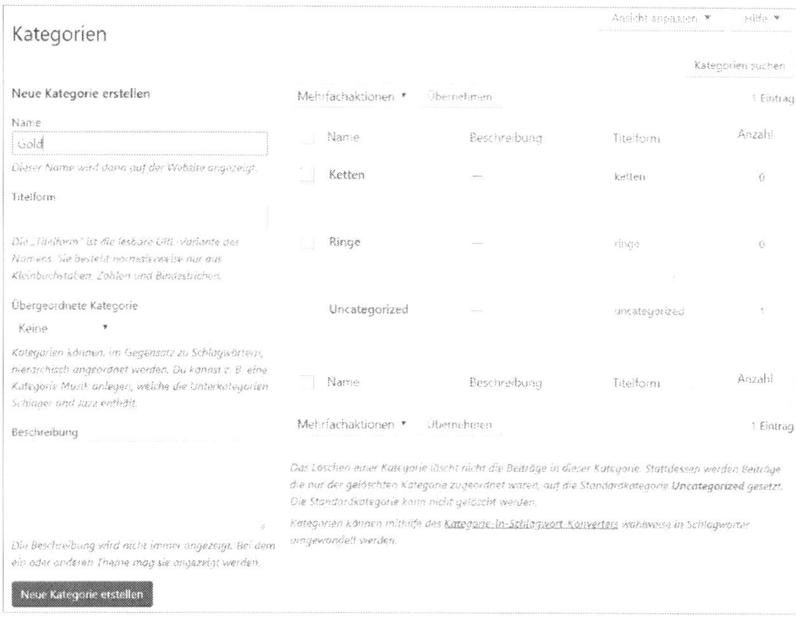

Kategorien in WordPress anlegen

Kategorien erstellen und verwalten Sie unter dem Menüpunkt »Beiträge – Kategorien«. Geben Sie dort den Namen der Kategorie in korrekter Rechtschreibung ein, inklusive Groß- und Kleinbuchstaben sowie Umlauten. Ein Kategoriename kann auch aus mehreren Worten bestehen, z. B. »Ringe aus Gold«. Geben Sie dann auch die Leerzeichen ein. Das Feld »Titelform« müssen Sie nur beachten, wenn Sie hier einen abweichenden Text haben wollen, was meist wenig Sinn macht. Die »Titelform«, englisch »slug«, ist eine suchmaschinenoptimierte Variante des Kategoriennamens. WordPress erstellt sie automatisch, Sie müssen sich nicht weiter darum kümmern.

Aus »Häschen« wird dann »haeschen« und aus »Ringe aus Gold« wird »ringe-aus-gold«. Kategorien können hierarchisch geordnet werden, Sie könnten also eine Kategorie »Ringe« machen, zu der die Unterkategorien »Goldringe«, »Silberringe«, »Trauringe« gehören.

Ich empfehle Ihnen auch hier wieder, sich vor dem Aufbau Ihrer Website Gedanken zu machen, welche Kategorien auf Ihrer Website erscheinen sollen bzw. sinnvoll sind (siehe Kapitel 1). Dann legen Sie die Kategorien vor dem Schreiben der Beiträge in WordPress an. So haben Sie diese zur Verfügung, wenn Sie mit dem Schreiben beginnen, und können neue Beiträge gleich den richtigen Kategorien zuordnen.

Kategorien benötigen Sie aber nur, wenn Sie mit Beiträgen und Blog-Anteilen arbeiten wollen. Wenn Sie lediglich statische Seiten einsetzen, müssen Sie sich über Kategorien keine Gedanken machen.

Beiträge und Schlagworte

Schlagworte muss man von Kategorien unterscheiden, denn Sie dienen nicht der Strukturierung. Schlagworte werden bei manchen Themes direkt bei den Beiträgen angezeigt. Sie können auch für die Erzeugung einer Schlagwortwolke (»Tag-Cloud«) verwendet werden. Die Schlagwortwolke ist ein Standard-Widget des WordPress-

Systems (siehe Kapitel 7). Außerdem können Schlagworte von der internen Suchfunktion innerhalb der Website ausgewertet werden. Diese interne Suche ist ebenfalls ein Standard-Widget.

Als Schlagworte eignen sich einzelne Schlüsselbegriffe des Beitrags. Sie können also mit Schlagworten eine zusätzliche Differenzierung machen. Ähnlich wie die Kategorien können Sie Schlagworte in der Seitenleiste »Dokument« eines Beitrags anlegen oder unter dem Menüpunkt »Beiträge – Schlagworte«.

Auf das Vergnügen folgt die Arbeit

Wer seine Internetseite nur aus Einzelseiten machen möchte, darf jetzt direkt zum nächsten Kapitel springen. Sie haben kennen gelernt, wie man Beiträge macht, und da Sie kein Blog betreiben wollen, genügt das für Sie.

Wenn Sie eher ein Blog machen wollen, oder ein Blog bzw. redaktionelle Beiträge in Ihre Seite integrieren möchten, sollten Sie jetzt ein paar sinnhafte Kategorien festlegen und anschließend etwa 5-10 kleine Beiträge herstellen. Probieren Sie dabei die verschiedenen Block-Typen aus.

Es geht nicht um große Textmengen. Ziel ist, dass Sie eine gewisse Grundmenge an Einzelbeiträgen erzeugen, die Sie in verschiedene Kategorien einordnen können. So können Sie später in Kapitel 6 testen, welche Möglichkeiten verschiedene Themes Ihnen für die Präsentation Ihrer Inhalte bieten.

Hinweise zur Mediathek von WordPress

In der Mediathek werden alle hochgeladenen Dateien abgelegt, Bilder, Videos, Audiodateien oder auch Dokumente, zum Beispiel im PDF-Format. Sie finden sie unter dem Menüpunkt »**Medien**« in der linken Menüleiste.

Die Mediathek in WordPress

Wenn Sie eine Internetpräsenz planen, ist es sinnvoll, sich vorher auf dem Computer oder in einer Cloud-

Ablage einen Ordner anzulegen, in dem Sie alle Dateien sammeln, die Sie auf Ihrer Website einsetzen wollen. So haben Sie immer die Übersicht. Auch für die Zusammenarbeit mit anderen Menschen ist dieses Vorgehen sehr zu empfehlen.

Bilder und andere Mediendateien sollten aussagekräftige Dateinamen haben, denn Suchmaschinen können diese besser auswerten. »Waldi-beisst-den-Nachbarn.jpg« macht mehr Sinn als »DSC12389.jpg«, »Mozarts-kleine-Nachtmusik.mp3« mehr als »mozna01.mp3«. Als Dateiformat für Bilder und Grafiken empfiehlt sich JPG (JPEG), PNG oder GIF, für Audiodateien MP3, für Videodateien MP4.

Prinzipiell können Sie jeden beliebigen Dateityp in die Mediathek hochladen, aber nicht alle können von einem Browser angezeigt werden.

Bilder kann man in der Mediathek noch in beschränktem Maß bearbeiten. Klicken Sie dazu auf die Miniaturansicht des Bildes, das Sie bearbeiten wollen. Es öffnet sich ein neues Fenster »Anhang-Details« mit einer großen Ansicht des Bildes.

In der Spalte am rechten Rand können Sie für das Bild einen sogenannten Alt-Text hinzufügen. Darunter versteht man »alternative Texte«. Sie werden in einer Infobox angezeigt, wenn der Nutzer mit der Maus über das Bild fährt. Spezielle Lesegeräte (Screenreader) können Sehbehinderten diese Texte vorlesen. Die Verwendung eines Alt-Textes ist sowohl im Hinblick auf Suchmaschinen als auch für eine barrierefreie Nutzung Ihres Angebotes sinnvoll.

Die »Beschriftung« wird später auf der Website direkt unter dem Bild angezeigt, wenn Sie dieses in einen Beitrag oder in einer Seite einfügen.

Der »Titel« (üblicherweise der Dateiname des Bildes, dies kann aber auch geändert werden) und die »Beschreibung« dagegen erscheinen nur dann, wenn sich das Bild beim Anklicken als eigene »Anhang-Seite« öffnet. Diese Einstellung kann man dem Bild beim Erstellen des Beitrages in der Seitenleiste zuweisen (siehe Abschnitt über das Einfügen von Bildern in Beiträge).

Zu weiteren Bearbeitungsmöglichkeiten gelangen Sie über die Schaltfläche »Bild bearbeiten« unterhalb des Bildes. Sie können dort direkt mit gedrückter Maustaste in Ihrem Bild einen Ausschnitt aufziehen oder in der rechten Seitenleiste die Maße bzw. Proportionen eingeben. Mit einem Klick auf das erste Symbol links über dem Bild wird der gewünschte Ausschnitt erstellt. Die Symbole daneben dienen dazu, das Bild zu drehen oder zu spiegeln. Bestätigen Sie Ihre Änderungen durch Klick auf die Schaltfläche »Speichern«.

Bedenken Sie: Das Bild wird dadurch dauerhaft verändert – wenn Sie es später noch einmal in der ursprünglichen Größe benötigen, müssen Sie es erneut hochladen. Mehr Bildbearbeitung ist in WordPress nicht möglich. Nutzen Sie daher besser im Vorfeld zur Bildbearbeitung die einschlägigen Programme oder Apps.

—

Mit den Beiträgen, Kategorien, Schlagworten und der Mediathek haben Sie einige wesentliche Grundelemente von WordPress kennen gelernt. Das nächste Kapitel bringt uns zu den »Seiten«, einem Element, das für alle die besonders interessant ist, die kein Blog machen wollen.

[4] Sie wollen kein Blog? Sie wollen Seiten!

WordPress ohne Blog – Ihre Internetpräsenz mit Seiten

In diesem Kapitel lernen Sie, wie Sie einzelne Seiten erstellen und daraus Ihre Website generieren. Wenn Sie Kapitel 3 zu den Beiträgen gelesen haben und vielleicht ein paar Beiträge erstellt haben, wird Ihnen das Arbeiten mit Seiten ganz leicht fallen, denn Sie wissen im Grunde schon, wie es geht. Wenn Sie das Kapitel übersprungen haben, weil Sie einfach nur wissen wollten, wie man Seiten macht, müssen Sie bei Verständnisproblemen vielleicht noch einmal zurückblättern.

Erinnern wir uns kurz an das Prinzip des Blogs: In jedem Blog gibt es neben den vielen Beiträgen auch immer wieder allgemeine Inhalte, die sich wenig oder gar nicht ändern und die daher keinen »Beitrag« im eigentlichen Sinne darstellen.

Denken Sie an Standardinformationen wie »Kontakt«, »Über uns«, das erforderliche »Impressum« oder die seit Mai 2018 erforderlichen »Datenschutzhinweise«. Solche statischen Inhalte kann man in WordPress als **»Seite«** anlegen. Seiten sind also etwas anderes als Beiträge und erscheinen daher auch nicht im Blog. Seiten dienen auch nicht als Sammlung von Beiträgen, ebenso wenig können normalerweise in Seiten Beiträge eingefügt werden (es gibt hierfür Sonderlösungen, zum Beispiel mithilfe von Plugins, ich finde es jedoch sinnvoller zunächst die Standardoptionen von WordPress zu verstehen und zu nutzen, bevor man zu irgendwelchen ausgefuchsten Spezialgeschichten greift). Grundsätzlich sind Beiträge und Seiten einfach getrennte Welten, die ganz unterschiedliche Bedürfnisse bedienen.

Für Menschen, die die Möglichkeiten eines typischen Blogs gar nicht nutzen wollen, weil sie eher eine Art erweiterte Visitenkarte ins Internet stellen wollen, bieten sich die »Seiten« an, um daraus ihre komplette Homepage zu machen. Stellen Sie sich zum Beispiel eine Physiotherapie-Praxis vor, die nur ihr Leistungsspektrum übersichtlich präsentieren und Patienten einen einfachen Kontakt ermöglichen möchte.

Seiten bilden häufig eigene Menüpunkte. Das geschieht in WordPress allerdings nicht automatisch, sondern Sie müssen WordPress vorher so einstellen. Dazu später mehr… ;-)

Eine Seite anlegen

Um eine Seite anzulegen, wählen Sie in der Administrationsoberfläche in der Menüleiste links den Menüpunkt »Seiten – Erstellen« oder im Menü oben das Pluszeichen und »Seite«. Sie kommen in den Gutenberg-Editor. Wer das Kapitel zu den Beiträgen durchgearbeitet hat, fühlt sich gleich zu Hause. Aber denken Sie immer daran: Seiten sind nicht gleich Beiträge!

Für alle anderen: Wir legen unsere Seite aus einzelnen Block-Elementen an, die wir zum Beispiel über das Plus-Symbol (+) aufrufen können. Am rechten Rand findet sich eine Seitenleiste (Sidebar) mit weiteren Einstellmöglichkeiten, auf die wir später noch zu sprechen kommen.

Als Erstes geben Sie Ihren Seitentitel ein, zum Beispiel »Über mich« oder »Unser Team«. Darunter können Sie direkt mit der Eingabe des Textes beginnen (»Schreib etwas oder tippe / zur Blockauswahl«). Sie erzeugen dadurch einen Block vom Typ »Absatz«. Oberhalb des Textes sehen Sie eine Leiste, mit der Sie noch verschiedene einfache Formatierungen für den Text vornehmen können.

Wollen Sie einen längeren Text schreiben aus Überschriften und einzelnen Abschnitten, oder wenn Sie Bilder einfügen wollen, gehen Sie dazu »blockweise« vor. Wählen Sie über das Pluszeichen die gewünschten Blöcke aus. Art und Sortierung der Block-Typen ist die Gleiche wie bei den Beiträgen. Wer Kapitel 3 »geschwänzt« und jetzt Schwierigkeiten hat das System der Blöcke zu verstehen, sollte noch einmal zurückblättern.

Wenn Sie Kapitel 3 durchgearbeitet und verschiedene Blöcke ausprobiert haben, werden Sie sehen, dass sich die Zusammensetzung in »Meistgenutzt« jetzt geändert hat. Sie müssen dann gegebenenfalls in einem der anderen Abschnitte nach dem gewünschten Block-Typ suchen.

Haben Sie Ihre Seite fertig gestaltet, können Sie sie über die Schaltfläche »Vorschau« ansehen und dann wie gehabt direkt über die Schaltfläche »Veröffentlichen« online stellen. Zum Veröffentlichen muss diese Schaltfläche – wie schon bei den Beiträgen – zweimal nacheinander geklickt werden.

Wenn Sie jetzt Ihre Website im Browser anschauen, werden Sie sicher enttäuscht sein, denn es ist weit und breit kein Menüpunkt zu unserer neuen Seite zu sehen. Das liegt an der Voreinstellung von WordPress und dem aktuellen Theme. Nur wenn unser Theme so eingestellt ist, dass neue Seiten automatisch im Menü erscheinen, können wir die Seite nach der Erstellung direkt als Menüpunkt finden. Da wir im Moment noch das Standard-Theme »Twenty Twenty« von WordPress verwenden, das hier eine andere Einstellung hat, müssen wir unsere Seite nachträglich als Menüpunkt festlegen.

Damit werden wir uns im nächsten Kapitel ausführlich beschäftigen. Sie müssen sich noch ein wenig gedulden.

Auch wenn die Seite noch nicht als Menüpunkt erscheint, können Sie sich trotzdem eine Vorschau der Seite ansehen, über die Schaltfläche »Vorschau«. Lassen Sie uns noch einen Moment die besonderen Aspekte der »Seiten« erkunden.

Spezielle Einstellungen für Seiten

Wenn wir eine neue Seite im Gutenberg-Editor erstellen oder eine bereits vorhandene bearbeiten, haben wir am rechten Rand eine Seitenleiste, in der wir zusätzliche Einstellungen machen können. Diese kennen Sie ebenfalls schon aus Kapitel 3 im Hinblick auf die Beiträge.

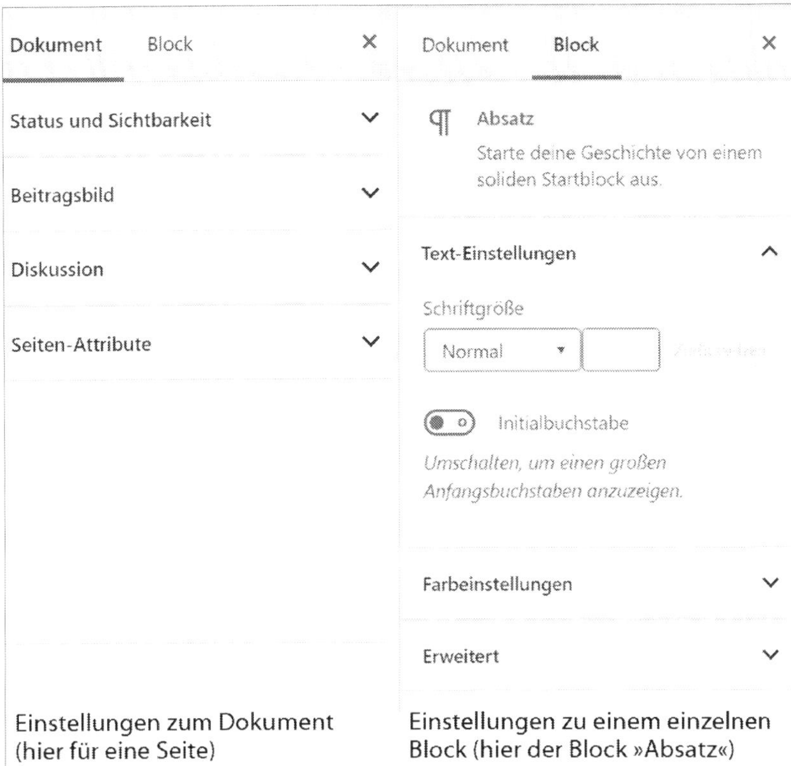

Die Seitenleisten zu Dokument bzw. Block rechts außen

Sie können hier Einstellungen zu den einzelnen Blöcken machen (in den gewünschten Block klicken und den Reiter »Block« auswählen) – diese entsprechen den Möglichkeiten, die Sie bereits in Kapitel 3 als Einstellungen für die Beiträge kennen gelernt haben.

Außerdem können Sie Einstellungen für die ganze Seite machen. Dazu wählen Sie den Reiter »Dokument« aus. Zunächst scheinen auch hier die gleichen Möglichkeiten vorzuliegen, die wir bereits im Kapitel zu den Beiträgen kennen gelernt haben. Bei genauerem Hinsehen finden sich aber einige Unterschiede. Es fehlen die Abschnitte

»Kategorien«, »Schlagwörter«, »Text-Auszug«, stattdessen ist der Abschnitt »Seiten-Attribute« hinzugekommen.

Seiten können Sie also nicht in Kategorien »ordnen«, Sie können ihnen auch keine Schlagwörter zuweisen oder einen Text-Auszug dafür festlegen. Ein Text-Auszug würde auch wenig Sinn machen, denn eine Seite hat meistens ihren eigenen Menüpunkt und ist eben gerade kein Teil einer Sammlung von Blog-Beiträgen.

Sie können aber einer Seite ein bestimmtes Template zuweisen, eine Art Layout-Vorlage. Wie dieses Template aussieht, und ob es überhaupt ein Template zur Auswahl gibt, das wiederum hängt – Sie ahnen es vielleicht schon – von den Möglichkeiten ab, die das ausgewählte Theme bietet. Je nach Theme gibt es verschiedene Templates für Seiten. Häufig finden Sie die Möglichkeit »fullwidth« (volle Breite des Browsers), »boxed« (Layout in festgelegter Seitenbreite), oder Templates mit verschiedenen »Sidebar«-Varianten. Manche Themes bieten spezielle Startseiten-Templates (One-Pager, Magazin-Look). Wir werden das in Kapitel 6 noch behandeln.

In unserem aktuellen Standard-Theme »Twenty Twenty« haben wir als Templates – wie bereits bei den Beiträgen – die Möglichkeiten »Standard-Template«, »Cover-Template« und »Template für weite Breite«. Man kann außerdem eine vorläufige Seitenhierarchie festlegen (»Eltern-Kind-Beziehung«). Dies kann später im Menü und innerhalb des Themes eine Rolle spielen und vor allem dann sinnvoll sein, wenn Ihre Webpräsenz aus vielen einzelnen Seiten besteht. Vorerst können Sie diesen Aspekt aber ignorieren.

Um diese verschiedenen Möglichkeiten einmal praktisch testen zu können, sollten Sie jetzt ein paar spezifische Seiten anlegen.

Als Erstes gestalten wir eine »**Willkommensseite**«. Sie können bei WordPress wählen, ob Ihre Besucher*innen als Erstes zum Blog kommen (das ist die Standard-Einstellung) oder ob sie mit einer eigenen Startseite empfangen werden. Legen Sie bitte eine neue Seite an, geben Sie ihr den Titel »Willkommen!« oder Ähnliches und gestalten Sie sie mit einem kleinen »Hallo, schön dass Sie hier sind...«-Text. Selbstverständlich können Sie auch ein Bild einfügen, ein schönes Zitat, oder was auch immer Ihnen als »Empfangsseite« für Ihre Besucher*innen vorschwebt. Veröffentlichen Sie die Seite wie gehabt.

Dann brauchen wir für unseren späteren Test noch eine weitere Seite. Diese hat keinen Inhalt, sondern lediglich einen Seitentitel. Legen Sie also wiederum eine neue Seite an über »Seiten – Erstellen« und geben Sie ihr den Titel »Blog«, oder »Aktuelles«. Das wird später unsere Blog-Seite.

Damit Sie sich jetzt nicht bis Kapitel 6 gedulden müssen, um den Sinn dieser Aktion zu verstehen, wollen wir zumindest einmal sehen, wie so eine Willkommensseite funktioniert. Gehen Sie dazu im linken Menü auf den Punkt »Einstellungen – Lesen«. Dort ist unter »Deine Startseite zeigt« aller Wahrscheinlichkeit nach »Deine letzten Beiträge« aktiviert. Diese Einstellung bewirkt, dass der Besucher beim Aufrufen der Website als Erstes auf die letzten Blog-Beiträge trifft. Um stattdessen unsere Willkommensseite zu zeigen, aktivieren Sie »Eine statische Seite« und wählen dann in dem DropDown-Menü von »Homepage« Ihre eben erstellte Startseite. Speichern Sie mit der Schaltfläche »Änderungen speichern« und prüfen Sie dann im Browser, ob Ihre neue Startseite (Homepage) nun erscheint. Geben Sie ggf. die Homepage-URL neu ein, falls sie zwischenzeitlich auf einer Unterseite Ihrer Website unterwegs waren, also »www.meinetolleseite.de«.

Prüfen Sie, was passiert, wenn Sie unter »Einstellungen – Lesen« wieder die vorherige Variante »Deine letzten Beiträge« auswählen. Sehen Sie den Unterschied?

Und da wir schon so schön dabei sind, hier noch zwei Seiten, die Sie auf jeden Fall brauchen:

Bitte nie vergessen: Impressum + Datenschutz

Internetseiten müssen ein Impressum und die erforderlichen Datenschutzhinweise enthalten. Die Texte hierfür können Sie mithilfe sogenannter »Generatoren« erstellen, zum Beispiel bei »www.e-recht24.de« oder »www.datenschutz-generator.de«. Wenn Sie ein größeres Unternehmen haben, sollten Sie ggf. eine Rechtsberatung dazu in Anspruch nehmen.

Der erforderliche Text des Impressums hängt unter anderem von der rechtlichen Form Ihres Unternehmens ab. Auch Seiten von Privatpersonen und Freiberuflern müssen ein Impressum haben, das allerdings deutlich einfacher gestaltet ist.

Der Text der Datenschutzhinweise dagegen ergibt sich aus den auf Ihrer Website verwendeten Scripten und eingebundenen Diensten, wie beispielsweise Google Analytics, Google Maps, Kontaktformulare, Affiliate Marketing etc. Es geht hier unter Anderem darum, ob von den Besuchern auf der Website gemachte Eingaben an Firmen außerhalb Ihrer eigenen weiter geleitet und verarbeitet werden. Darüber müssen die Nutzer*innen informiert werden. Das macht die Erstellung der Datenschutzhinweise deutlich aufwändiger als die Gestaltung des Impressums, denn Sie müssen sich mit den auf Ihrer Website eingesetzten Softwarefunktionen auskennen. Auf der erwähnten Datenschutz-Generator-Website werden Sie schrittweise nach den verwendeten Elementen befragt. Wenn Sie Ihre WordPress-Seite einmal umbauen und / oder zusätzliche Plugins (siehe Kapitel 7) installieren, müssen Sie anschließend Ihre Datenschutzerklärung dahingehend überprüfen, ggf. entsprechend anpassen und ergänzen.

Die Texte des Impressums und der Datenschutzhinweise können ohne Weiteres auf einer gemeinsamen Seite stehen, Sie können aber auch zwei getrennte Seiten anlegen. Manche setzen auch die kompletten Texte auf die Kontakt-Seite, zum Beispiel unterhalb des Kontaktformulars. Denken Sie aber bitte daran, dass das Ganze noch übersichtlich bleiben soll.

Ganz egal ob Sie eine Seite oder zwei Seiten anlegen, Sie müssen auf Ihrer Website gut sichtbar dazu die Menüpunkte »Impressum« und »Datenschutz« haben. Es empfiehlt sich, diese(n) Link(s) möglichst eindeutig dauerhaft sichtbar zu positionieren. Da es sich um Worte handelt, die in einem Hauptmenü wichtigen Platz wegnehmen, verwendet man dafür gern eine separate (zierlichere) Menüleiste im oberen Bereich der Website. Manche wiederholen die Links zusätzlich noch im Footer (Fußbereich) der Seite. Sie sollten also bei der Auswahl des Themes darauf achten, dass Ihnen verschiedene Möglichkeiten für solche Menü-Plätze angeboten werden.

WordPress bietet übrigens eine bereits vorgefertigte Seite für das Thema der Datenschutzinformationen an, allerdings aktuell nur auf Englisch. Sie können diese inhaltlich passend zu Ihrer Website ausarbeiten oder aber eine neue Seite dafür anlegen. Die vorgefertigte Datenschutz-Seite finden Sie unter dem Menüpunkt »Seiten« als »Privacy Policy«. Unter dem Menüpunkt »Einstellungen – Datenschutz« können Sie auswählen, welche Seite als Ihre Datenschutzerklärung in WordPress verwendet werden soll. Beachten Sie bitte, dass dadurch nicht automatisch ein Menüpunkt entsteht, diesen müssen Sie selbst im Menü anlegen. Näheres hierzu im folgenden Kapitel 5.

Sie haben jetzt die Grundlagen zum Erstellen von Seiten kennen gelernt und hoffentlich auch einige Seiten angelegt. Damit haben wir genug Material, um im nächsten Kapitel in WordPress Menüs einzurichten. Endlich!

[5] Servieren Sie Ihren Gästen das passende Menü

Gut gegessen, gut gelaunt

Eine übersichtliche, benutzerfreundliche Navigation ist entscheidend für die Akzeptanz einer Website. WordPress bietet Ihnen im Hinblick auf die Gestaltung von Menüs sehr viel Flexibilität.

Die Möglichkeiten, die Sie für Ihr(e) Menü(s) haben, hängen stark mit dem ausgewählten Layout (Theme) zusammen. Je nach Theme hat man unterschiedliche Positionen, auf denen Menüs eingesetzt werden können. Wir beschäftigen uns hier zunächst mit dem aktuellen

Standard-Theme von WordPress (Twenty Twenty) und werden im Kapitel 6 noch auf die Optionen anderer Themes eingehen.

Das Standard-Theme hat zu Beginn kein sichtbares Menü. Ohnehin sieht unsere Seite im Moment im Browser noch ziemlich trostlos aus. Um ein Menü überhaupt erst einmal anzulegen, wählen Sie den Menüpunkt »Design – Menüs«. Alternativ kann man auch den Customizer starten (»Design – Customizer«) und dann im Customizer das Menü bearbeiten. Die Möglichkeiten sind in beiden Fällen die gleichen. Da wir uns dem Customizer aber erst im nächsten Kapitel zuwenden wollen, beschreibe ich das Vorgehen hier anhand des Menüpunktes »Design – Menüs«.

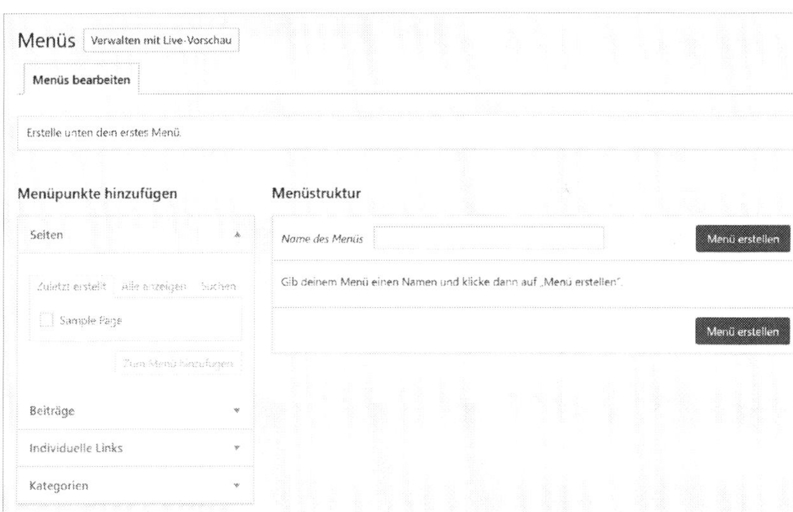

Der Menüpunkt »Menü« vor dem Anlegen des Menüs

Hier können Sie festlegen, welche Seiten, Beiträge, Links oder Kategorien die Navigation der Website bilden sollen. Sie finden diese Auswahl in der linken Spalte unter

»Menüpunkte hinzufügen«. In der Mitte gestalten Sie Ihre »Menüstruktur«. Die Menüpunkte können hierarchisch geordnet werden, also Haupt- und Unterpunkte haben. Die Reihenfolge kann beliebig verändert werden.

Solange wir noch das Standard-Theme von WordPress verwenden, ist kein Menü angelegt, deshalb konnten wir auch vorhin unsere Seiten, die wir in Kapitel 4 angelegt hatten, nicht finden. Wir müssen also zunächst ein neues Menü herstellen.

Menü neu anlegen

Um ein neues Menü anzulegen, geben Sie dem Menü in dem Formularfeld »Name des Menüs« einen Namen, zum Beispiel »main menu« oder »Hauptmenü«. Da viele Themes mehrere Menüs an unterschiedlichen Positionen der Website haben können, sollten Sie hier sinnvolle Namen vergeben, die Sie später mühelos zuordnen können. Manche Themes geben Ihnen diese Namen auch bereits vor, zum Beispiel »social menu«, »top menu« oder »footer«. Nachdem Sie den Namen eingetragen haben, klicken Sie auf »Menü erstellen«.

Der Mittelteil zeigt Ihnen nun einige zusätzliche Wahlmöglichkeiten. Sie können hier »Neue Seiten der ersten Ebene automatisch zum Menü hinzufügen« aktivieren, dann werden neue Seiten automatisch in das Menü integriert. Dies gilt allerdings nicht rückwirkend für bereits erstellte Seiten, hilft uns also in unserem Fall nicht weiter... ;-)

Außerdem können Sie festlegen, an welcher Position Ihr neu erstelltes Menü erscheinen soll. Im aktuellen Standard-Theme »Twenty Twenty« von WordPress haben wir fünf mögliche Positionen:

- »**Horizontales Desktop-Menü**« (die klassische stets sichtbare Menüleiste am oberen Rand der Website)
- »**Erweitertes Desktop-Menü**« (ein durch drei Punkte symbolisiertes Menü, das die Nutzer bei Bedarf vertikal ausklappen können)
- »**Mobile-Menü**« (für mobile Geräte geeignet)
- »**Footer-Menü**« (ein extra Menü im Fussbereich der Seite)
- »**Social-Media-Menü**« (ein spezielles Menü mit Links aus Symbolbildern zu Ihren Präsenzen in den sozialen Medien, sofern vorhanden)

Je nach dem von Ihnen installierten Theme werden Ihnen noch weitere Menü-Positionen angeboten. Man kann dabei das gleiche Menü mehrfach verwenden. Wenn Sie zum Beispiel wollen, dass Ihr Hauptmenü im Footer noch einmal auftaucht, dann aktivieren Sie »Horizontales Desktop-Menü« und »Footer«. Wenn Sie lieber ein eigenes Menü für den Footer wünschen, dann aktivieren Sie nur »Horizontales Desktop-Menü«. Nachdem Sie Ihre Einstellungen gemacht haben, klicken Sie bitte immer auf die Schaltfläche »Menü speichern«, sonst werden die Änderungen nicht wirksam.

Menü gestalten

Jetzt können wir unser Menü à la carte zusammen stellen… Klicken Sie in der linken Spalte auf die Seiten, Kategorien oder Beiträge, die Teil des Menüs werden sollen und wählen Sie danach jeweils die Schaltfläche »Zum Menü hinzufügen«.

Wenn zum Beispiel eine Kategorie als Menüpunkt erscheinen soll, dann klicken Sie in der Spalte »Menüpunkte hinzufügen« auf den Abschnitt »Kategorien«. Es werden Ihnen Ihre aktuellen Kategorien angezeigt und Sie können die gewünschte Kategorie auswählen.

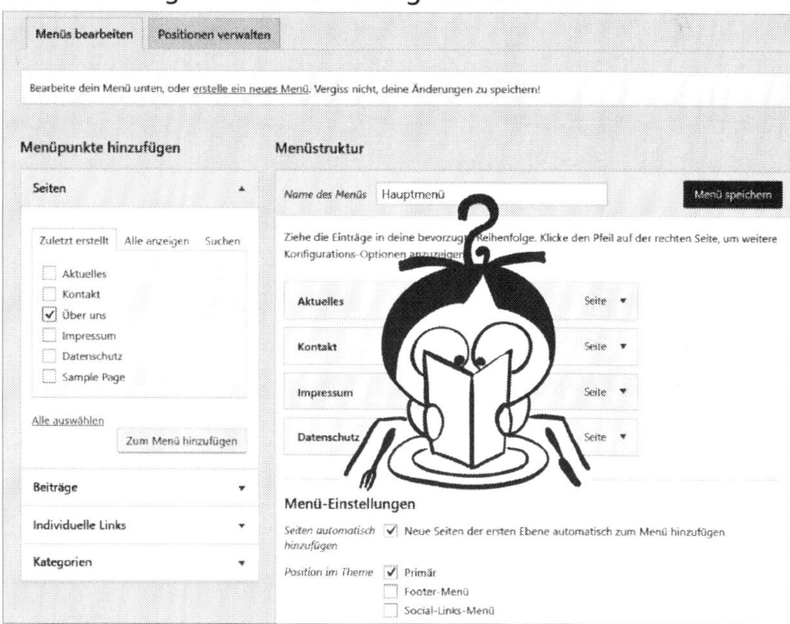

Das angelegte Menü (hier für das Theme 2019)

Dann auf »Zum Menü hinzufügen« klicken, und damit ist die Kategorie ein Menüpunkt mit allen Beiträgen, die Sie der Kategorie zugeordnet haben oder zukünftig zuordnen werden. Ebenso verfahren Sie mit ausgewählten Seiten und Beiträgen.

Die ausgewählten Menüpunkte erscheinen jetzt im Mittelteil untereinander aufgelistet. Die Reihenfolge können Sie anschließend durch Drag & Drop selber bestimmen. Jeder Menüpunkt hat außerdem rechts außen einen nach unten weisenden Pfeil. Hier können Sie zusätzliche Optionen öffnen, zum Beispiel um den Menüpunkt zu löschen (»Entfernen« anklicken und weg ist der Menüpunkt!), um ihn zu verschieben (»Eine Ebene runter«) oder um den Namen des Menüpunktes zu verändern. Es kann ja sein, dass Sie eine Kategorie »Fotografie« für verschiedene Beiträge angelegt haben, der Menüpunkt aber einfach nur »Fotos« heißen soll.

Wenn Sie Menüpunkte hierarchisch anlegen wollen, also Hauptpunkte mit Unterpunkten kombinieren wollen, dann ziehen Sie einfach den gewünschten Unterpunkt mit gedrückter Maustaste etwas nach rechts. Er wird dann dauerhaft eingerückt. Selbstverständlich können Sie das Alles jederzeit wieder ändern. Und bitte immer dran denken: Nach jeder Änderung »Menü speichern« anklicken.

Vielleicht haben Sie schon entdeckt, dass Sie auch individuelle Links als Menüpunkte definieren können. Wenn Sie also von Ihrer Seite auf andere Websites verlinken wollen, zum Beispiel von Geschäftspartnern, Sponsoren oder Freunden, dann können Sie hier die entsprechende URL eingeben, dem Link einen passenden Namen geben, das Ganze zum Menü hinzufügen und anschließend das geänderte Menü wieder speichern.

Jetzt kommt der Test – wir rufen unsere Seite im Browser auf, oder wechseln zu unserem zweiten Tab, drücken noch die F5-Taste um alles zu aktualisieren. Ist das Menü da? Bei dem WordPress-Standard-Theme »Twenty Twenty« erscheint das Hauptmenü ganz oben als horizontale Leiste.

Wenn Sie jetzt Änderungen machen wollen, vielleicht einen weiteren Punkt hinzufügen oder löschen, wechseln Sie zurück zur WordPress-Benutzeroberfläche und wählen wieder den Menüpunkt »Design – Menüs«. Machen Sie Ihre Änderungen und Ergänzungen, speichern Sie das Ganze mit »Menü speichern« und testen Sie es erneut.

Probieren Sie es einfach aus!

Menüpositionen bestimmen

Wenn Sie in dem Menüpunkt »Design – Menüs« in den oberen Bereich schauen, sehen Sie neben dem Reiter »Menüs bearbeiten« einen zweiten Reiter »Positionen verwalten«. Dort können Sie bestimmen, welches Menü an welcher Position des Themes erscheinen soll.

Mehrere Menüs können vor allem bei größeren Projekten sinnvoll sein, die meist eine höhere Anzahl Menüpunkte erfordern. Sie gewinnen damit Platz für die wesentlichen Punkte und können Ihre Website sinnvoller strukturieren. Denkbar ist zum Beispiel eine Trennung nach Nutzergruppen. Die direkte Kundenansprache sollte immer gut sichtbar im Hauptmenü erfolgen. Menüpunkte, die dagegen zu zusätzlichen, zweitrangigen Informationen führen (typisch hierfür wären AGB, Impressum, Datenschutz, Partner-Links) können Sie dann an einer weniger hervorgehobenen Position unterbringen, zum Beispiel in einem separaten Footer-Menü oder einem zweiten Top-Menü.

Denken Sie bei Änderungen auch hier daran, diese zu speichern (Schaltfläche »Änderungen speichern«).

—

Die Beschäftigung mit den Menüs führt uns direkt zum nächsten Thema, dem Layout unserer Internetseite. Wir lernen die Geheimnisse der WordPress-Themes kennen...

[6] Endlich gut aussehen mit WordPress-Themes

Verwandlung mit einem Klick: WordPress-Themes

Jetzt soll unsere Seite das Gesicht bekommen, das unseren Wünschen und Vorstellungen entspricht. Lernen Sie den sinnvollen Umgang mit den für WordPress erhältlichen Themes.

Für das System WordPress sind zahlreiche Layouts verfügbar, kostenlose ebenso wie kostenpflichtige. Sie heißen »Themes«. Die Gestaltung des Themes bestimmt nicht nur die Optik Ihrer Internetseite. Themes bieten unterschiedliche Optionen und Zusatzfunktionen, die weit über den Standard der WordPress-Basis-Installation hinausgehen (können).

Aus diesem Grund ist es wichtig, sich genau zu überlegen, welches Theme zu dem eigenen Projekt passt und vielleicht spezielle Wünsche erfüllt, wie etwa eine Shop-Anbindung, einen Event-Kalender, eine besondere Startseite, aufwändige Fotogalerien, Video-Slider, oder oder oder. Die Suche nach dem richtigen Theme kann durchaus ein paar Tage in Anspruch nehmen. Achten Sie darauf, welchen Support die Theme-Hersteller Ihnen anbieten und ob zukünftige Updates mit enthalten sind. Haben Sie den Eindruck, dass es sich um ein solides Unternehmen handelt oder sieht das Ganze nach der Eintagsfliege eines Einzelkämpfers aus, die zwar kostenlos ist, aber vielleicht nicht dauerhaft gepflegt wird?

Es kann sich absolut lohnen, zu einem Bezahl-Theme (oft Pro- oder Premium-Theme genannt) zu greifen, wenn damit ein sinnvoller Support verbunden ist und die Gewissheit, immer auf dem aktuellsten Stand zu sein. Vermeiden Sie vor allem als Einsteiger*in Themes, die in der Struktur zu kompliziert sind oder zu viele Spezialeinstellungen haben. Bei einem Theme-Wechsel gehen Ihnen dann unter Umständen themespezifische Einstellungen verloren oder sind nur mit großem Aufwand wieder einzurichten. Die meisten Bezahl-Themes bieten kostenlose »Light«-Versionen oder Testphasen, so dass Sie die Handhabung unverbindlich ausprobieren können.

Je nach Theme müssen Sie immer mit einer gewissen Einarbeitungszeit in die Möglichkeiten des Themes rechnen. Nutzen Sie dazu die Informationsangebote der Hersteller. Viele haben eigene Dokumentationen zur sinnvollen Einrichtung des Themes, manchmal sogar kleine Video-Lehrgänge. Häufig sind diese allerdings in englischer Sprache. Wenn Sie Anleitungen in Deutsch benötigen, sollten Sie von Anfang an nach Themes mit deutscher oder mehrsprachiger Dokumentation suchen. Hervorzuheben als deutsches Entwicklerteam von WordPress-Themes ist das Unternehmen Elmastudio (www.elmastudio.de).

Ein Theme anpassen – der Customizer

Bevor wir uns die Möglichkeiten anderer Themes anschauen, wollen wir zunächst die Einstellungen unseres Standard-Themes kennenlernen. Wir tauchen dazu in die Welt des **»Customizer«** ein, auf Deutsch etwa mit »Anpasser« zu übersetzen. Der Customizer (auch Live-Vorschau genannt) wurde als neues Element vor einigen Jahren in WordPress integriert. Er bietet eine eigene, benutzerfreundliche Oberfläche für die oft umfangreichen Einstellmöglichkeiten des von Ihnen aktivierten Themes.

Es gibt allerdings auch Themes, die zusätzlich eine eigene Art Customizer mitbringen. Sie erzeugen dann einen weiteren Menüpunkt in der Menüleiste der Word-

Press-Oberfläche. Das kann für uns als Benutzer*innen manchmal verwirrend sein, denn wir haben dadurch gleiche oder ähnliche Einstellmöglichkeiten an verschiedenen Orten. Wir müssen einfach lernen, mit diesen kleinen Widrigkeiten zu leben...

Sie finden den Customizer unter dem Menüpunkt »Design – Customizer«. Es öffnet sich eine eigene Benutzeroberfläche, die sich deutlich von der uns bekannten WordPress-Administration unterscheidet.

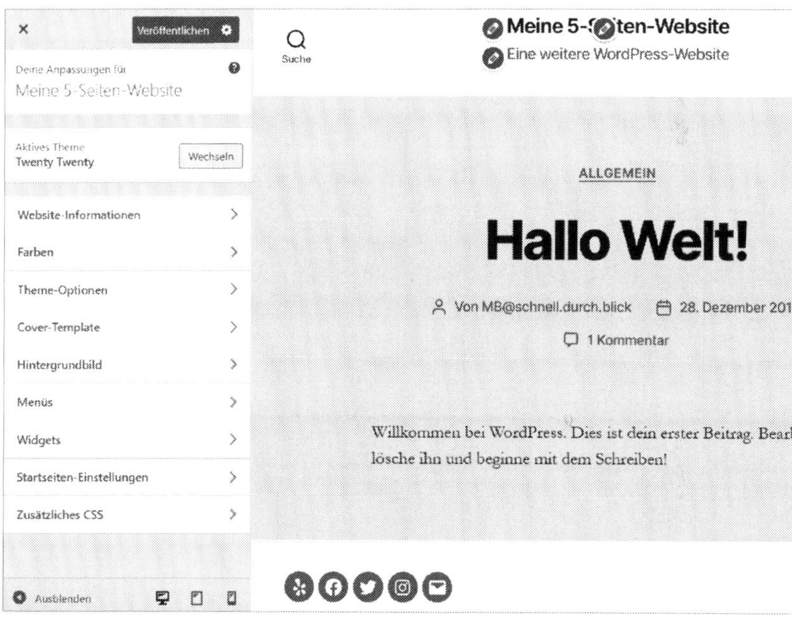

Die Oberfläche des »Customizer«

Am linken Rand ist eine Spalte mit verschiedenen Menüpunkten, der Rest des Bildschirms ist mit einer Ansicht unserer Website ausgefüllt, so dass wir eine Live-Vorschau unserer Änderungen sehen können. Wenn Sie zwischendurch einmal die Seitenleiste wegklappen wollen, nutzen Sie den Pfeil »Ausblenden«.

Schauen Sie in der linken Seitenleiste einmal unten an den Rand – dort finden Sie drei Icons. Damit können Sie zwischen einer Vorschau Ihrer Website auf einem normalen PC-Bildschirm, auf Tabletgeräten und auf Handys wechseln. Praktisch, oder?

Innerhalb des Customizers können Sie verschiedene Elemente Ihres Layouts beeinflussen, zum Beispiel Schriften, Header-Bilder, Farben, ebenso wie Menüs und spezifische Einstellungen.

Einige dieser Einstellmöglichkeiten im Customizer stimmen mit anderen Unterpunkten des Menüpunkts »Design« überein, wie »Menüs« und »Widgets«. Lassen Sie sich dadurch nicht verwirren, das liegt einfach daran, dass der Customizer erst später in das WordPress-System integriert wurde, die »alten« Menüpunkte aber nach wie vor erhalten geblieben sind. Sie können also Ihr Menü, Ihre Navigation, genauso gut im Customizer wie mithilfe des Menüpunktes »Design – Menüs« einstellen.

Das Standard-Theme von WordPress im Customizer

Anhand des WordPress-Standard-Themes wollen wir nun beispielhaft den Customizer durchgehen. Oben wird das aktuell aktivierte Theme genannt, also »Twenty Twenty«. Daneben kann man per Schaltfläche das Theme »wechseln« und innerhalb des Customizers nach anderen Themes suchen. Diese Option wird für uns erst später interessant.

Darunter finden Sie die eigentlichen Menüpunkte. Für das Theme »Twenty Twenty« stehen Ihnen neun Bereiche zur Verfügung: »Website-Informationen«, »Farben«, »Menüs«, »Theme-Optionen«, »Cover-Template«, »Hintergrundbild«, »Widgets«, »Startseiten-Einstellungen«, »Zusätzliches CSS«.

Klicken Sie zunächst auf den Punkt **»Website-Informationen«**. Hier können Sie den Titel und Untertitel Ihrer Website ändern (was man im Übrigen auch im Standard-Menü unter »Einstellungen – Allgemein« machen kann). Außerdem können Sie ein Bild für ein Logo festlegen, es ersetzt dann den Titel und erscheint links neben dem Untertitel als rechteckiges Bild. Als Bildgröße empfiehlt WordPress 120 auf 90 Pixel. Zusätzlich können Sie ein Website-Icon auswählen. Dieses Icon erscheint nicht auf der Webseite selbst, sondern wird je nach Browser im Browser-Tab oder in den Lesezeichen des Browsers angezeigt.

Nachdem Sie Ihre Einstellungen gemacht haben, können Sie über den Rückwärtspfeil oben links neben »Deine Anpassungen für...« wieder zurück zu der Auswahlleiste kehren. Wenn Sie den Customizer jetzt schließen, werden Ihre Änderungen nicht gespeichert. Wollen Sie die Änderungen aktivieren, klicken Sie daher oben auf »Veröffentlichen«.

Nächster Punkt im Customizer sind die **»Farben«**. Hier können Sie die allgemeine Hintergrundfarbe auswählen (voreingestellt ist ein Beige), sowie die Hintergrundfarbe von Header und Footer. Für diesen Kopf- bzw. Fussbereich ist Weiss voreingestellt. Außerdem können Sie die Akzentfarbe Rot für Links, Buttons und Beitragsbilder hier ändern (dazu »Individuell« anklicken).

In den »**Theme-Optionen**« können Sie das Such-Feld, das automatisch bei Theme »Twenty Twenty« erscheint, ausblenden. Das ist vor allem bei kleineren Website-Projekten sinnvoll. Ebenso können Sie die »Autor-Biografie« ausblenden. Wer ein Blog betreiben möchte, kann hier entscheiden ob unter einem Beitrag seine zuvor gemachten Profilinfos (Kurzbio mit Foto) erscheinen sollen oder nicht. Wer kein Blog macht bzw. Beiträge nicht nutzt, kann diese Option ignorieren oder sicherheitshalber deaktivieren. Ob Sie auf Archivseiten und Beiträgen vollständige Texte oder nur eine Zusammenfassung anzeigen wollen, ist ebenfalls nur interessant, wenn Sie ein Blog machen.

Mithilfe des Punktes »**Cover-Template**« können Sie Beitragsbilder, die Sie beim Erstellen des Beitrages bzw. der Seite als Beitragsbilder zugeordnet haben, formatfüllend anzeigen lassen. Die Überlagerungsfarbe für das Bild und den darauf stehenden Text (das ist dann der Titel des Beitrages) können Sie hier nach Wunsch einstellen.

»**Hintergrundbild**« ermöglicht Ihnen ein Bild in den Hintergrund Ihrer Website zu bringen. Nachdem Sie ein Bild ausgewählt haben, können Sie noch anpassen wie das Bild hinsichtlich Position und Format angezeigt werden soll. Bedenken Sie bei Verwendung eines Hintergrundbildes bitte dass der Text noch lesbar sein sollte.

Der Punkt »**Menüs**« entspricht dem Ihnen bereits bekannten Menüpunkt »Design – Menüs«. Er ist im Customizer nur optisch etwas anders aufgebaut, denn die Schaltflächen befinden sich alle links bzw. links-mittig. Da Ihnen das Prinzip der Menü-Gestaltung schon bekannt ist, verweise ich hier auf die Beschreibung in Kapitel 5.

Der nächste Abschnitt behandelt die »**Widgets**«. Widgets (Window Gadgets) sind kleine Zusatzfunktionen eines Themes, die man nach Belieben an- oder abschalten kann. Sie finden sich meistens auf den Seitenleisten oder wie bei unserem WordPress-Standard-Theme im Footer einer Website. Die Widgets finden sich auch unter dem Menüpunkt »Design – Widgets« und werden im nächsten Kapitel eingehend erklärt.

Den Abschnitt »**Startseiten-Einstellungen**« haben wir bereits in Kapitel 4 einmal kurz kennen gelernt, als Menüpunkt »Einstellungen – Lesen«. Die Einstellung der Startseite ist eine wesentliche Grundentscheidung, die Sie für Ihre Website treffen können. Hier ist standardmäßig »Deine letzten Beiträge« aktiviert. Deshalb sieht der

Besucher, wenn er unsere Seite aufruft, die zuletzt von uns erstellten Beiträge. Er gelangt direkt in das »Blog«. WordPress, in seinem Ursprung vor allem als Blog-System gedacht, geht davon aus, dass Sie es vorwiegend als Blogger*in nutzen und daher auf Ihrer Website den Besuchern als Erstes Ihre neuesten Blog-Beiträge präsentieren wollen. Logisch! ;-)

WordPress ohne Blog anlegen

Wenn Sie WordPress jedoch gar nicht als Blog, sondern für eine kleine Firmenpräsentation oder als Mix aus Blog und statischen Seiten einsetzen wollen, dann wünschen Sie sich vielleicht eher eine Willkommensseite, von der aus die Besucher ihren Weg durch Ihr Angebot nehmen.

Dann müssen Sie an dieser Stelle »Deine Startseite zeigt« die Option »Eine statische Seite« auswählen. Sie kennen das bereits aus Kapitel 4.

Es erscheinen nun zwei Dropdown-Menüs. In dem oberen Menü »Startseite« können Sie die gewünschte (statische) Startseite auswählen. In unserem Beispiel ist das die Willkommensseite, die wir in Kapitel 4 erstellt haben.

Wenn Sie keine Blog-Beiträge auf Ihrer Website präsentieren wollen, wählen Sie in dem darunter liegenden Punkt »Beitragsseite« einfach nichts aus. Ihre in Kapitel 3 gemachten Beiträge erscheinen dann nicht mehr auf Ihrer Website. Wenn Sie einen Blog auf Ihrer Seite anbieten wollen, nur eben nicht auf der Startseite, können Sie in diesem Punkt »Beitragsseite« festlegen, welche Seite die

Blog-Seite werden soll. Sie erinnern sich vielleicht, dass wir hierfür bereits in Kapitel 4 eine entsprechende – leere – Seite angelegt haben (mit dem Titel «Blog«, »Aktuelles« o. Ä.). Wählen Sie diese jetzt als Ihre Beitragsseite aus. Wir lagern quasi unseren Blog aus an eine andere Stelle, so dass er nicht mehr auf der Startseite erscheint, sondern über einen eigenen Menüpunkt angesteuert werden kann. Diesen Menüpunkt, also die Seite »Blog«, müssen Sie dann nur noch im Menü einfügen. Das können Sie innerhalb des Customizer tun oder über den Menüpunkt »Design – Menüs«.

Der letzte der sechs Abschnitte im Customizer heißt **»Zusätzliches CSS«**. Wer von Ihnen schon einmal mit HTML zu tun hatte, dem wird CSS nicht unbekannt sein. Für alle anderen: CSS heißt Cascading Style Sheets. Es handelt sich um Formatvorlagen für einzelne Elemente einer Website, also allgemeine Vorgaben, wie zum Beispiel Überschriften generell aussehen sollen, welche Farbe die Links haben, welche Schriften verwendet werden usw.

Sie können Ihr Theme also noch individuell anpassen und beeinflussen, indem Sie ein eigenes CSS hinzufügen. Dies ist allerdings nur zu empfehlen, wenn man wirklich weiß, was man tut und wie man mit CSS Einstellungen vornimmt. Als Neuling in der WordPress-Welt können Sie diesen Punkt daher getrost außer Acht lassen.

Sie sehen, die Einstellmöglichkeiten für das WordPress-Standard-Theme »Twenty Twenty« im Customizer sind nicht gigantisch, bieten aber doch einige Möglichkeiten. Sobald Sie aber andere Themes ausprobieren, wird sich das schnell ändern und Sie werden sich vielleicht die alte Übersichtlichkeit ein wenig zurück wünschen.

Wenn Sie mit Ihren Einstellungen im Customizer fertig sind, müssen Sie zum Abschluss oben links immer auf »Veröffentlichen« klicken. Anschließend können Sie im Browser noch kontrollieren, ob die Änderungen richtig umgesetzt werden.

Endlich ein eigenes Theme!

Nachdem wir den Customizer anhand des Standard-WordPress-Themes kennen gelernt haben, wollen wir jetzt endlich ein bisschen Leben in die Bude bringen und andere Themes ausprobieren.

Gehen Sie zu dem Menüpunkt »Design – Themes«. Alternativ können Sie auch im Customizer auf die Schaltfläche »Wechseln« klicken. Dort sehen Sie die bereits installierten Themes: Das aktuelle Standard-Theme und meist noch zwei oder drei Vorgänger-Themes früherer WordPress-Versionen (»Twenty Nineteen«, »Twenty Seventeen«). Wenn Sie mit der Maus über die Abbildungen der Themes gleiten, erscheinen die Schaltflächen »Theme-Details«, »Aktivieren« und »Live-Vorschau«.

Wenn Sie also zunächst eine Vorschau des neuen Erscheinungsbildes mit Ihren aktuellen Inhalten sehen wollen, klicken Sie auf »Live-Vorschau«. Sie gelangen wieder in den Customizer. Dort können Sie sehen, welche zusätzlichen Einstellmöglichkeiten für das neue Theme vorliegen, Sie können diese testen, und wenn Sie zufrieden sind, das Theme »Aktivieren und Veröffentlichen«. Gefällt Ihnen das Theme nicht, schließen Sie einfach die Customizer-Vorschau wieder. Sie gelangen dann zurück zu der Übersicht der aktuell installierten Themes.

Wenn Sie keine Vorschau wünschen, können Sie das Theme hier auch direkt »Aktivieren«. Oder Sie wählen die Schaltfläche »Theme-Details« und erhalten darüber weitere Informationen zu dem Theme. In diesem Fenster können Sie am unteren Rand ebenfalls die »Live-Vorschau« aufrufen oder das Theme direkt »Aktivieren«.

Ein neues Theme installieren

Wir wollen aber ein eigenes Theme installieren. Um ein geeignetes Theme zu finden, kann uns fürs Erste die Suche innerhalb der WordPress-Oberfläche helfen. Wenn Sie noch in der Übersicht unter »Design – Themes« sind, klicken Sie dort oben auf »Hinzufügen«. Sie gelangen zu einer Auflistung unterschiedlichster Themes, und zwar zunächst in die Rubrik »Vorgestellt«. Das sind Themes, die von WordPress aktuell ausgewählt und präsentiert werden.

Gefällt Ihnen eines davon, können Sie es sich in einer größeren Vorschau ansehen. Allerdings ist diese Vorschau meistens weder sehr attraktiv noch entspricht sie dem zuvor in der Übersicht angezeigten Miniaturbild. Das führt häufig zu Enttäuschung und Irritation bei WordPress-Neulingen. Sie müssen sich klar machen, dass die Theme-Hersteller ihre Themes mit speziell angefertigten Demo-Inhalten befüllen. Diese erzeugen dann das beeindruckende Layout, das wir in dem Miniaturbild sehen.

Die Inhalte dagegen, die Sie selbst bisher in WordPress angelegt haben (Beiträge, Seiten etc.), sind noch gar nicht für dieses spezielle Theme konfiguriert. Jedes Theme muss individuell ausgearbeitet, an die eigenen Inhalte angepasst bzw. mit eigens dafür erzeugten Inhalten befüllt werden. Das geschieht leider nicht automatisch, sondern erfordert von uns, dass wir uns mit den Anforderungen und Möglichkeiten des Themes intensiv auseinander setzen.

Um ein Theme auf seine Eignung hin beurteilen zu können, sollte man sich nicht auf die Vorschau in der WordPress-Administrationsoberfläche verlassen, sondern direkt im Internet nach dem Theme-Namen und dem Hersteller suchen, bzw. den entsprechenden Link in der Vorschau anklicken. Die meisten Hersteller zeigen im Internet ausführliche Demo-Versionen mit speziell dafür angefertigten Inhalten und bieten zusätzliche Informationen.

Da WordPress ein sehr beliebtes CMS ist, haben sich inzwischen zahlreiche Programmierer*innen auf die Produktion von WordPress-Themes spezialisiert. Die Suche nach einem passenden Theme gleicht daher wirklich der berühmten Suche nach der Stecknadel im Heuhaufen. Sie sollten für diese Recherche ausreichend Zeit veranschlagen und sich vorher über Ihre Wünsche und Anforderungen an das Theme klar geworden sein (siehe Kapitel 1). Dann können Sie gezielter suchen und werden nicht von der Vielzahl der Möglichkeiten völlig überwältigt. Lassen Sie sich nicht von einer vordergründig schönen oder passend scheinenden Optik verführen, sondern prüfen Sie genau die Funktionalitäten des Themes.

Generell können Sie auch direkt per Suchmaschine nach interessanten Themes suchen. Geben Sie die für Ihren Zweck passenden Stichworte ein, wie »WordPress Theme Fotoblog« oder »WordPress Theme Portfolio

Grafikdesigner« oder »WordPress Theme mit Veranstaltungskalender«. Das Stichwort »minimal« kann zusätzlich sinnvoll sein, vor allem wenn Sie an optisch übersichtlich gehaltenen Themes interessiert sind.

Wir bleiben aber zunächst einen Moment in der Suche innerhalb der WordPress-Oberfläche. Sie können versuchen, durch das Filtern nach Funktionen das passende Theme zu finden. Dabei treffen Sie eine Auswahl in den Bereichen Thema / Funktionen / Layout und wenden die entsprechenden Filter an. Oder Sie können mit Suchbegriffen arbeiten, am besten auf Englisch, also zum Beispiel »jewel« im Fall unserer Schmuckdesignerin oder »writer« im Falle der PR-Beraterin. Erwarten Sie bitte keine Wunder. Sollten keine Themes angezeigt werden, heißt das nicht, dass es kein Angebot gibt. Nicht alle am Markt befindlichen Themes finden Eingang in die WordPress-Suchfunktion. Suchen Sie also auf alle Fälle parallel immer mit einer Suchmaschine.

Haben Sie ein Theme in der WordPress-Administrations-Oberfläche gefunden, das Sie ausprobieren wollen, klicken Sie entweder in dem kleinen Übersichtsbild oder in der großen Vorschau auf die Schaltfläche »Installieren«. Das Theme wird dann automatisch installiert und erscheint im Anschluss in der Übersicht der installierten Themes unter »Design – Themes«. Dort können Sie – wie bei den anderen bereits installierten Themes – in die Live-Vorschau wechseln und prüfen, ob das Theme den von

Ihnen gewünschten Anforderungen entspricht und welche Einstellmöglichkeiten es hat.

Wollen Sie das Theme verwenden, dann klicken Sie anschließend in der Live-Vorschau oben auf die Schaltfläche »Aktivieren und Veröffentlichen«. Prüfen Sie die neue Ansicht im Browser und gestalten Sie nach und nach Ihre Website mithilfe des Customizers.

Vorsicht Theme-Wechsel!

Eine Theme-Änderung kann sich auf die Sichtbarkeit von Inhalten auswirken. Seien Sie also darauf gefasst, dass das eine oder andere vertraute Element auf Ihrer Website anschließend etwas anders aussieht oder vielleicht zunächst gar nicht mehr sichtbar ist. Die von Ihnen erstellten Beiträge, Seiten, Kategorien, Schlagworte und Menüs bleiben in jedem Fall erhalten, denn Sie sind Bestandteil des WordPress-Basissystems. Aber je nachdem, wie das Theme Menüs organisiert, Widgets behandelt oder eigene Einstellungen mitbringt, kann es zu Abweichungen kommen, die man dann jeweils im Customizer abklären und richtig einstellen muss.

Viele Themes enthalten eigene sogenannte »Builder« oder »Page Builder« (»Seitenbauer«). Das kann ganz praktisch sein, weil sich die Gestaltungsmöglichkeiten dadurch erweitern, kann aber auch Probleme bereiten, weil bei einem Theme-Wechsel diese Spezialeinstellungen unter Umständen nicht »mitgenommen« werden können. WordPress-Anfängern rate ich von solchen Buildern eher ab. Lernen Sie lieber zunächst den sicheren Umgang mit den WordPress-eigenen Elementen anhand eines überschaubaren Themes, so vermeiden Sie Frust.

Je mehr Möglichkeiten im Customizer angeboten werden (Sie erinnern sich, bei dem Standard-Theme »Twenty Twenty« waren es schon neun Bereiche), desto mehr Zeit werden Sie brauchen, um sich in die Einstellmöglichkeiten des Themes einzuarbeiten. Gut dokumentierte Themes mit verständlichen Anleitungen sind gerade für Anfänger sehr hilfreich. Achten Sie also darauf.

Tipps für die Theme-Auswahl

Hier beispielhaft einige interessante Optionen, die ein Theme im Customizer bieten kann, und die Sie bei der Auswahl eines Themes berücksichtigen können:

- Allgemeine Layoutmöglichkeiten sowie unterschiedliche **Layout-Templates** für Seiten und Beiträge, zum Beispiel »boxed layout« (festgelegte Breite), Layouts mit verschiedenen Möglichkeiten für Sidebars (Seitenleisten) oder Spalten
- Spezielle **Startseiten-Layouts**, zum Beispiel One-Page-Startseiten, Magazin-Charakter oder Business-Templates
- **Typographische Optionen**: zusätzliche Schriften, zum Beispiel mit Google Fonts, erweiterte Formatierungsmöglichkeiten von Text

- Eigene **Gestaltungselemente**, zum Beispiel Slider (Diashow), Kacheln, Infoboxen, integrierte Kontaktleisten
- **Farbgestaltung**, Hintergrundbilder, Header(Kopfleiste)-Gestaltung mit Bildern, Slidern und/oder Videos
- **Menü-Varianten**, zusätzliche Menüleisten für unterschiedliche Zwecke, Flexibilität der Menüs, Vorbereitete Menüs für Soziale Netzwerke (social menu)
- Spezielle **Widgets** für verschiedene Zusatzfunktionen

Viele Themes haben spezielle Startseiten, die von dem klassischen Blog-Charakter abweichen. Diese können Sie nur dann sehen und auch konfigurieren, wenn Sie im Customizer die Startseite als statische Seite definieren und eine zuvor hergestellte Seite dafür festlegen.

Häufig muss dann noch diese statische Seite (z. B. »Start«) individuell gestaltet werden, damit das Layout der vorgesehenen Optik entspricht.

Wenn Sie ein Theme testen, prüfen Sie, ob es in der Erstellung von Seiten verschiedene Seiten-Templates gibt (unter »Seiten – Erstellen« in der rechten Seitenleiste die Einstellungen zu »Dokument«). Das gibt Ihnen mehr Gestaltungsfreiheit.

Werfen Sie auch einen Blick in die Widget-Möglichkeiten, im Customizer oder unter »Design – Widgets« und prüfen Sie, ob es verschiedene Widget-Areas gibt sowie zusätzliche themespezifische Widgets, die vielleicht für Sie interessant sein können.

—

Trotz allem – nicht immer kann das von uns auserkorene Theme alle unsere Wünsche befriedigen. Deshalb lernen wir im nächsten Kapitel die Widgets und Plugins kennen, die für die meisten Spezialanforderungen eine Lösung bieten.

[7] Extrawürste – lecker, aber nicht überfressen!

Widgets und Plugins für die Sonderausstattung

Widgets und Plugins werden gerne verwechselt. Das wird noch dadurch erschwert, dass manche Plugins nach der Installation in der Abteilung der Widgets erscheinen. Kurz gesagt: Widgets sind Zusatzfunktionen, die im Theme bereits integriert sind. Plugins dagegen sind zusätzlich zum Theme installierte Programme von anderen Anbietern, die Funktionen ermöglichen, die unser Theme nicht enthält.

Widgets – Zusatzfunktionen des Themes

Beginnen wir mit den Widgets. Widgets steht für **»Window Gadgets«**, also »Spielzeuge fürs Fenster«. Es handelt sich um Elemente, die im Theme enthalten sind und die Sie nach Belieben an- oder abschalten können.

In der Basisversion von WordPress, dem aktuellen Theme »Twenty Twenty«, sind bereits einige Widgets aktiviert. Sie finden die Widgets unter dem Menüpunkt »Design – Widgets«. Dort haben wir links den Überblick über die vorhandenen, einsetzbaren Widgets, und rechts die aktuell auf der Seite in den verschiedenen »Widget Areas« (Widget-Bereichen, hier »Footer#1« und »Footer#2«) eingesetzten Widgets. Alternativ können Sie die Widgets im Customizer konfigurieren.

Auch hier zeigt sich wieder, dass WordPress als Blog-System konzipiert ist. Einige Widgets sind als Standard bereits im Footer der Seite ohne unser Zutun vorhanden, vorausgesetzt, Sie haben das Theme »Twenty Twenty« aktiviert. Wenn Sie aktuell ein anderes Theme ausgewählt haben, schalten Sie vielleicht vorübergehend noch einmal auf das Standard-Theme zurück, sonst weichen die folgenden Erklärungen unter Umständen zu sehr von dem ab, was Sie in Ihrer WordPress-Administration vorfinden.

Die vorab aktivierten Widgets von Theme »Twenty Twenty« sind: »Suche«, »Neueste Beiträge«, »Neueste Kommentare« (im Widget-Bereich »Footer#1«), »Archive«, »Kategorien«, »Meta« (im Widget-Bereich »Footer#2«). Es geht also vor allem um Aspekte, die im Betrieb eines Blogs wichtig sind, da man über diese Widgets direkt die neuesten Beiträge und Kommentare ansteuern, das Archiv aller Beiträge einsehen oder die Kategorien aufrufen kann.

Wenn Sie kein Blog betreiben oder die bereits voreingestellten Widgets nicht verwenden möchten, können Sie sie ganz einfach aus der rechten Spalte in die Ablage nach links per Drag & Drop zurück ziehen. Alternativ können Sie auf den kleinen Pfeil neben dem Widget-Namen klicken und in dem Drop-Down-Fenster auf »Löschen« klicken. Die Widgets können jederzeit wieder reaktiviert werden, indem man sie aus der linken Spalte in die Widget Area zurück zieht. Probieren Sie es einfach aus.

Die Reihenfolge der Widgets innerhalb des Footers (oder einer anderen Widget Area) können Sie ebenfalls beliebig ändern. Änderungen an der Anordnung der Widgets müssen im Gegensatz zu Änderungen am Menü nicht gespeichert werden. Widgets können in verschiedenen Teilbereichen (Widget Areas) der Website eingesetzt werden. Sehr häufig setzt man Widgets in den Seitenleisten (Sidebars) einer Website ein.

Wenn Sie nach einem Theme suchen, sollten Sie auch auf die Möglichkeiten für den Einsatz von Widgets achten. Dies können Sie in der Vorschau des Customizers prüfen. Jedes einzelne Theme kann über unterschiedliche Widgets für verschiedene Website-Bereiche verfügen und Ihnen damit zusätzliche interessante Zusatzfunktionen Ihrer Website bieten. So haben manche Themes ein »Call-to-Action«-Widget, eine Art Schaltflächen-Balken, den der

Nutzer anklicken kann, um zum Beispiel direkt zu einer Bestellseite zu gelangen.

Sie merken, auch hier heißt es wieder, sich vorher mit dem Theme auseinander zu setzen und heraus zu finden, ob das Theme Widgets enthält, die für Sie geeignet sind.

Die meisten Widgets können und müssen individuell konfiguriert werden. Manche erfordern zur sinnvollen Einrichtung auch Vorkenntnisse in HTML.

Wir wollen uns jetzt aus dem Angebot an Standard-Widgets die Wichtigsten anschauen, und zwar zunächst die bereits im Footer-Bereich aktivierten Widgets des Standard-Themes »Twenty Twenty«:

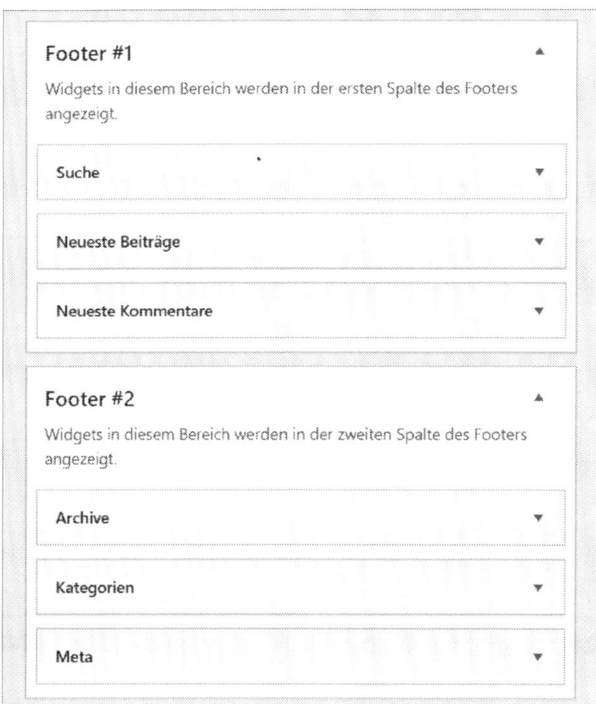

Die Standard-Widgets bei Theme Twenty Twenty

Das Widget »**Suche**« erscheint auf der Nutzeransicht der Website als Eingabefeld mit einem Lupen-Icon oben rechts. Hier in der Administration können Sie dieser Suche noch einen anderen Titel geben, wie zum Beispiel »Hier können Sie suchen…«. Eine Suchfunktion in die Website zu integrieren macht vor allem dann Sinn, wenn Sie viele Beiträge, Seiten und Textinhalte haben, also viel Content, den die Besucher durchforsten können. Bei einer kleinen Internetpräsenz können Sie ruhig darauf verzichten und die Suchfunktion im Customizer deaktivieren.

Das Widget »**Neueste Beiträge**« zeigt dem Besucher die Titel der letzten Beiträge in Form einer Liste an. Auch hier können Sie statt »Neue Beiträge« einen anderen Titel eintragen, zum Beispiel »Frisch vom Fass«. Das Widget »Neue Beiträge« macht nur Sinn, wenn Sie ein Blog betreiben. Wenn Ihre Webpräsenz nur aus statischen Seiten besteht, können Sie das Widget entfernen.

Das Gleiche gilt für »**Neueste Kommentare**«. Auch dieses Widget ist nur im Rahmen eines Blogs sinnvoll und wenn die Möglichkeit zu Kommentaren aktiviert sind (siehe hierzu auch die Grundeinstellungen, Kapitel 3).

Auch das Widget »**Archiv**« macht vorwiegend im Blog einen Sinn. Es zeigt alle veröffentlichten Beiträge chronologisch nach Monaten sortiert. Das Widget »**Kategorien**« listet die in Ihrem Blog verwendeten Kategorien auf, das Widget »**Meta**« ist eine Auflistung von allgemeinen Links und Funktionen – beides typische Blog-Elemente. Wir halten fest: Wenn wir kein klassisches Blog betreiben wollen, können wir die vorab aktivierten Standard-Widgets einfach alle entfernen.

Nun zu den noch ungenutzten Widgets in der linken Spalte, siehe die Übersicht in der folgenden Abbildung. Diese lassen sich jeweils mit Drag & Drop in die gewünschte Widget Area ziehen und dort an eine beliebige Stelle positionieren.

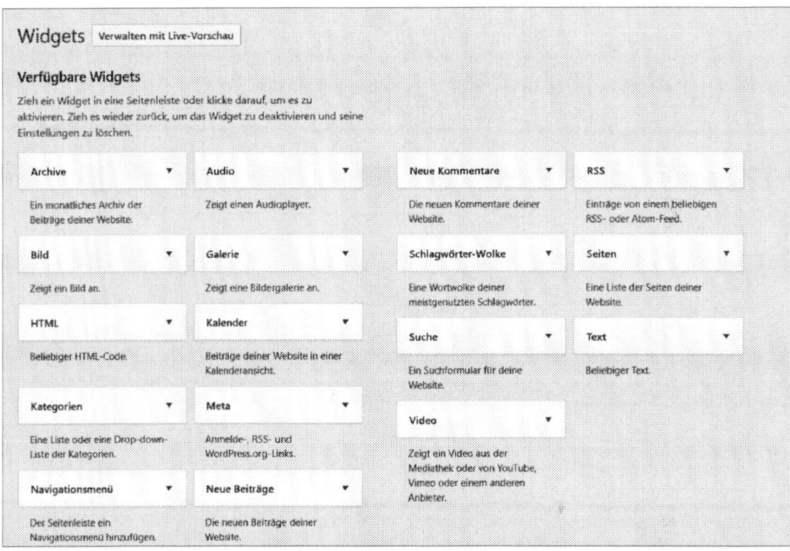

Auswahl der möglichen Standard-Widgets

Mit den Widget-Typen **»Audio«, »Bild«** und **»Galerie«** können wir in einer Widget Area eine entsprechende Mediendatei aus unserer Mediathek anzeigen lassen. Auch hier kann ein eigener Titel vergeben werden, die Dateien werden aus der Mediathek ausgewählt oder in diese hochgeladen. Dieses Widget ist auch interessant, wenn Sie kein Blog haben. Sie können es nutzen, um ein eigenes »Werbeelement« zu platzieren, zum Beispiel einen Veranstaltungshinweis in Form einer Grafik.

Das Widget »**HTML**« ermöglicht uns, eigenen HTML-Code in einen Bereich der Website einzufügen. Dies können zum Beispiel eine oder mehrere Verlinkungen auf andere Seiten sein, ein formatierter Text o. Ä. Dieses Widget können Sie natürlich nur sinnvoll einsetzen, wenn Sie etwas HTML beherrschen. Alternativ können Sie das Widget »Text« verwenden, das Ihnen ähnliche Möglichkeiten bietet ohne Programmierkenntnisse zu erfordern.

Das »**Kalender**«-Widget fügt auf der Website einen Kalender ein. Tage, an denen Sie Beiträge veröffentlicht haben, werden markiert und enthalten einen Link zu dem entsprechenden Beitrag. Ein Widget also, das wieder eher für Blogger geeignet ist. Dieses Widget kann nicht zur Erzeugung eines Veranstaltungskalenders genutzt werden!

Das Widget »**Navigationsmenü**« wiederum kann für alle Seitenbetreiber interessant sein, denn damit können Sie eines Ihrer Menüs an einer weiteren Stelle der Seite erscheinen lassen, also zum Beispiel ein Hauptmenü im Footer oder in einer Seitenleiste wiederholen.

Mit »**RSS**« können Sie Einträge von einem RSS-Feed auf Ihre Seite integrieren. RSS ist eine Abkürzung für »Rich Site Summary« bzw. »Really Simple Syndication« (sehr einfache Verbreitung). Viele Nachrichtenseiten bieten RSS-Feeds als Abo an, eine Art kostenloser Nachrichten-Ticker. Das Widget zeigt auf Ihrer Website die aktuellen Meldungen des ausgewählten Anbieters.

Das Widget »**Schlagwörter-Wolke**« (Tag-Cloud) erzeugt eine Wolke aus den Schlagwörtern, Kategorien oder Link-Kategorien, die Sie für Ihre Website festgelegt haben. Worte, die Beiträgen sehr häufig als Schlagwort oder Kategorie zugeordnet sind, werden entsprechend größer in der Wolke dargestellt. Je mehr Schlagwörter bzw. Kategorien Sie verwenden und zuweisen, desto interessanter wird die Wolke.

Mit dem Widget »**Seiten**« können Sie eine Liste aller (Einzel)-Seiten machen, die auf Ihrer Website vorhanden sind. Dies kann interessant sein, wenn Sie viele einzelne Inhaltsseiten angelegt haben. Dann wäre das eine Art Menü, in dem nur Seiten aufgeführt werden.

Das Widget »**Text**« wirkt zunächst eher unscheinbar, aber es bietet interessante Möglichkeiten. Sie können damit einen beliebigen Text in einer Widget Area platzieren und hervorheben. Dies kann z. B. eine Kurzfassung Ihrer Adresse sein, ein ansprechendes Zitat oder Ihr Geschäftsslogan. Sie haben außerdem die Möglichkeit, Textformatierungen zu verwenden und Medien hinzuzufügen, eine Kombination aus Bild und Text wäre also ebenfalls kein Problem. Deshalb können Sie mit dem Widget »Text« fast das Gleiche erreichen wie mit dem Widget »HTML« – und das ganz ohne HTML-Kenntnisse!

Das letzte der Standard-Widgets schließlich heißt »**Video**«. Damit können Sie in die jeweilige Widget Area ein Video platzieren. Dazu laden Sie den gewünschten Film als Datei von Ihrem Computer in Ihre Mediathek hoch.

Wollen Sie ein YouTube-Video einfügen, wählen Sie, wenn Sie die Mediathek aufgerufen haben, dort die Möglichkeit »Von URL einfügen« (im Mediathek-Dialogfenster oben links). Tragen Sie in dem Eingabefeld die URL ein, unter der das Video auf YouTube zu finden ist. Dazu rufen Sie in einem anderen Browser-Fenster die Website von YouTube auf, suchen nach Ihrem Video, markieren dann die URL in der Adressleiste oben, kopieren diese, z. B. mit »STRG+C«, wechseln wieder zu WordPress und fügen Sie dort mit dem Kürzel »STRG+V« ein.

Damit haben Sie alle Standard-Widgets kennen gelernt. Wenn Sie ein eigenes Theme installieren und aktivieren, werden Sie wahrscheinlich weitere Widgets in dem Menüpunkt »Design – Widgets« entdecken. Sie müssen dann jeweils herausfinden, wofür und wie Sie das Widget am besten einsetzen können. Und – wie bereits gesagt – im Falle eines Theme-Wechsels stehen diese spezifischen Widgets bei einem anderen Theme nicht mehr zur Verfügung.

Plugins einsetzen – noch mehr Zusatzfunktionen

Plugins sind nicht das Gleiche wie Widgets. Ich gebe zu, das klingt jetzt genauso verwirrend wie »Seiten sind nicht Beiträge« und »Kategorien sind nicht Schlagwörter«.

Plugins sind kleine Extra-Programme oder Scripte, die von anderen Anbietern kommen. Sie gehören nicht zu der Basis-Ausstattung von WordPress und sie gehören auch nicht zu dem ausgewählten Theme. Manche Themes benötigen allerdings für ein optimales Funktionieren die Installation bestimmter Plugins. Wenn dies der Fall ist, werden Sie in der WordPress-Oberfläche darauf hingewiesen. Am praktischsten ist es natürlich, so viele Sonderwünsche wie möglich mit dem passenden Theme und den dazugehörigen Widgets lösen zu können – es sei denn, Sie wechseln gerne häufiger das Theme (dann wäre es besser, die Sonderwünsche mit den Plugins zu befriedigen...).

Sie werden vermutlich trotzdem die eine oder andere Wunsch-Funktion haben. Solche »Extrawürste« lassen sich dann mit Plugins bedienen, ähnlich der Sonderausstattung beim Auto. Plugins gibt es für die verschiedensten individuellen Zusatzfunktionen wie Veranstaltungskalender, spezielle Kontaktformulare, SEO-Funktionen (Optimierung für Suchmaschinen), Sicherheitschecks, spannende Bildergalerien, Kategorienordner, oder die Integration von Sozialen Netzwerken, den im Rahmen der DSGVO erforderlichen Cookie-Hinweis usw.

Dabei sollte man darauf achten, das System »schlank« zu halten, sprich: sich auf die wirklich erforderlichen Plugins zu beschränken. Denn je mehr Plugins, desto mehr interne Rechenoperationen müssen ausgeführt werden. Dies verlangsamt unter Umständen die Seite oder beeinträchtigt sie in ihrer Funktionalität. Plugins können auch potenzielle Angriffspunkte für Schadsoftware oder Hacker sein. Plugins müssen regelmäßige Updates erhalten – genauso wie das WordPress-System insgesamt und das von Ihnen ausgewählte Theme.

Plugins suchen und installieren

Welche Plugins bereits als Standard im System installiert sind, können Sie unter dem Menüpunkt **»Plugins«** nachsehen. Das sind üblicherweise das Plugin »Akismet Anti-Spam« und »Hello Dolly«. Beide sind jedoch (noch) nicht aktiviert.

»Akismet Anti-Spam« ist vor allem für Blogger interessant, denn es schützt den Blog vor ungewolltem Spam. Wenn Sie »Akismet Anti-Spam« aktivieren, finden Sie die Einstellmöglichkeiten dazu anschließend in dem Menüpunkt »Einstellungen«. »Hello Dolly« ist dagegen ein Spaß-Plugin. Wenn Sie es aktivieren, erscheinen nach dem Zufallsprinzip ausgewählte Wortfetzen aus dem Musical »Hello Dolly« rechts oben im WordPress-Administrationsbereich.

Wie finden und installieren wir ein neues Plugin? Entweder wählen Sie direkt den Menüpunkt »**Plugins – Installieren**« oder, wenn Sie noch in der Übersicht der installierten Plugins sind, klicken Sie oben auf die Schaltfläche »Installieren«. Sie kommen in einen Bereich, in dem Ihnen verschiedene Plugins vorgestellt oder empfohlen werden, und in dem Sie nach Plugins suchen können (Eingabefeld am rechten Rand). Alternativ können Sie die WordPress-Website »www.wordpress.org« nutzen.

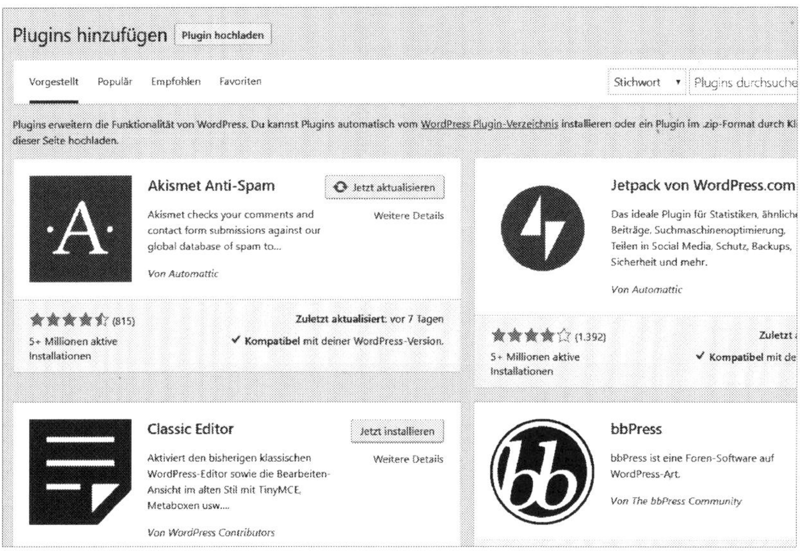

Plugins suchen und hinzufügen

Für eine erfolgreiche Suche in der WordPress-Administrationsoberfläche verwendet man am besten englische Suchbegriffe. Wenn Sie also nach einem Plugin suchen, dass Ihre Website während einer Überarbeitung in einem Wartungs-/Baustellenmodus anzeigen soll, können Sie den Suchbegriff »Maintenance Mode« probieren.

Wenn Sie über die interne Suche in WordPress nicht fündig werden, können Sie natürlich auch mit einer Internetsuchmaschine nach sinnvollen Plugins recherchieren. Dort können Sie eher mit etwas unklareren oder deutschsprachigen Suchbegriffen Erfolg haben. Oft stößt man dabei auf Internetseiten, auf denen andere Internetnutzer verschiedene Plugins miteinander vergleichen oder eine Art Bestenliste machen. Auch die Plattform YouTube kann bei der Suche nach sinnvollen Plugins helfen, Sie haben dann gleich ein Video, das Ihnen das Plugin präsentiert und können eine gezieltere Entscheidung treffen. Vor der Installation sollte man sich über das Plugin genauer informieren: Was bietet es, wie wird es von anderen Nutzern bewertet, wie oft wurde es bereits herunter geladen, wann wurde es zum letzten Mal aktualisiert? Es ist wichtig, dass ein Plugin regelmäßig von seinen Entwicklern an die neuesten WordPress-Versionen angepasst wird.

Wenn Sie ein Plugin mithilfe einer Suchmaschine gefunden haben, dann notieren Sie sich den genauen Namen und geben diesen anschließend wieder in das Suchfeld unter »Plugins – Installieren« ein. Wahrscheinlich wird es Ihnen dann angezeigt. Haben Sie in der WordPress-Oberfläche ein Plugin gefunden, das Ihnen vertrauenswürdig erscheint, dann klicken Sie auf die Schaltfläche »Jetzt installieren«. Das Plugin wird installiert und erscheint anschließend in der Plugin-Liste. Sie müssen es noch aktivieren, um es nutzen und einstellen zu können (Schaltfläche »Aktivieren«).

Je nach Funktion taucht das Plugin an unterschiedlichen Stellen in den Menüpunkten der WordPress-Administration auf: Es kann in einen der vorhandenen Menüpunkte als weiterer Unterpunkt integriert werden, es kann aber auch ein eigener, neuer Menüpunkt, entstehen. Manche Plugins finden sich auch als zusätzliche Funktionen direkt im Gutenberg-Editor. Man muss unter Umständen also ein bisschen auf die Suche gehen.

Wenn Sie Schwierigkeiten haben, die Einstellmöglichkeiten des Plugins zu entdecken, dann klicken Sie in der Auflistung der Plugins («Plugins – Installierte Plugins«) auf das Wort »Einstellungen« unter dem jeweiligen Plugin-Namen.

Es gibt sehr einfache Plugins, bei denen Sie nur wenige Einstellmöglichkeiten haben und mit ein paar Klicks das Plugin konfigurieren können, aber es gibt auch Plugins, die über sehr umfangreiche Optionen verfügen. Sie müssen sich also immer in das jeweilige Plugin und seine Möglichkeiten einarbeiten. Dabei sollten Sie auf die Informationen und Anleitungen des Anbieters zurückgreifen.

Leider ist es auch im Bereich der Plugins so, dass – je nach Hersteller – die Dokumentation häufig nur auf Englisch vorliegt.

Wichtig ist, dass Sie die installierten Plugins, auch die inaktiven, nach Bedarf aktualisieren. Wenn Plugins aktualisiert werden sollen, zeigt WordPress Ihnen das in dem Menüpunkt »Dashboard – Aktualisierungen« an. Es erscheint ein roter Punkt mit einer Zahl.

Manchmal möchte man verschiedene Plugins für die gleiche Funktion testen, zum Beispiel verschiedene Galerie-Plugins. Dann können Sie das gerade nicht genutzte Plugin vorübergehend deaktivieren, wenn Sie sich noch nicht sicher sind, was damit geschehen soll. Wenn Sie sich dann für ein Plugin entschlossen haben, können Sie die restlichen Plugins löschen. Oder Sie löschen ein Plugin, weil die Funktionen nicht Ihren Erwartungen entsprechen. Sowohl das Deaktivieren wie das Löschen machen Sie in der Übersicht der Plugins unter dem Menüpunkt »Plugins – Installierte Plugins«.

Einige Plugin-Beispiele

Im Folgenden will ich beispielhaft einige sinnvolle Plugins vorstellen. Dies ist natürlich eine sehr subjektive Auswahl aus einer unüberschaubaren Anzahl und sagt überhaupt nichts über die Qualität alternativer Plugins aus. Bedenken Sie, dass die Installation eines Plugins ggf. eine Änderung in Ihrem Datenschutztext erforderlich machen kann, da dadurch unter Umständen Daten an oder über einen externen Anbieter versendet werden.

- **Sicherheits-Plugins** ermöglichen Sicherheitseinstellungen, um WordPress vor Angriffen durch Hacker etc. zu schützen:
  »iThemes Security«, » NinjaFirewall (WP Edition)«
- **SEO-Plugins** dienen der Suchmaschinenoptimierung. Sie unterstützen Sie bei der suchmaschinengerechten Gestaltung Ihrer Beiträge und Seiten oder dem Erstellen von sinnvollen Keywords:
  »All in One SEO«, »Yoast SEO«, »SEOPress«
- Mit **Maintenance Plugins** können Sie Ihre Website in einen Wartungsmodus versetzen, so dass Sie in Ruhe an Ihrem Projekt arbeiten können, während die Besucher*innen von außen eine kleine »Baustellenseite« angezeigt bekommen:
  »WP Maintenance Mode«, »Coming Soon Page & Maintenance Mode«
- Ein **Cookie-Hinweis** ist für Webseiten sozusagen Pflicht – verwenden Sie dazu zum Beispiel:
  »Cookie Notice for GDPR«, »GDPR Cookie Compliance«, »GDPR Cookie Consent«
- **Formular-Plugins** für Kontakt- oder Bestellformulare:
  »Contact Form 7« (ein sehr lange erprobtes und beliebtes Plugin), »Kontaktformular von WPForms – Drag & Drop Formular Baukasten für WordPress«

- Um WordPress-Beiträge in den **sozialen Medien** (Facebook, Twitter, Instagram etc.) zu posten: »WP-AutoSharePost«, »Blog2Social: Social Media Auto Post & Scheduler«, »Revive Old Posts – Auto Post to Social Media«
- **Event-Plugins** nutzt man, um Veranstaltungskalender anzulegen, ggf. mit einer Ticket-Order-Funktion: »The Events Calender«, »Event Organiser«, »All-in-One Event Calendar«
- Plugins wie »Breadcrumb NavXT«, »Breadcrumb« machen eine sogenannte **Brotkrumen-Navigation** (Standortleiste, z. B. »Start – Projekte – Projekt Hausbau – Haustyp 23«). Es gibt aber auch Themes, die eine solche Funktion bereits integriert haben.
- Wollen Sie verhindern, dass jemand mithilfe des Kontextmenüs Texte von Ihrem Blog kopiert, wäre das Plugin »Blog Protector« eine Möglichkeit.
- **Backup-Plugins** helfen Ihnen, eine Sicherung Ihrer Daten und Einstellungen zu machen: »BackWPup – WordPress-Backup-Plugin«, »UpdraftPlus WordPress Backup Plugin«, »Duplicator«
- Wer plant einen **Online-Shop** einzurichten, sollte sich das Plugin »Woo Commerce« ansehen, vor allem in der Verbindung mit der Erweiterung »Germanized für WooCommerce«, das WooCommerce zu einem Shop für den deutschen Markt erweitert.

Damit haben Sie nun alle wesentlichen Elemente des WordPress-Systems kennen gelernt. Ich hoffe Sie haben Sicherheit gewonnen und das Gefühl, mit klareren Vorstellungen an die Umsetzung Ihrer Website gehen zu können. Im nächsten Kapitel überprüfen wir noch einmal kurz unseren Plan aus Kapitel 1 und schauen uns dann ein kleines Beispiel für eine konkrete Umsetzung an.

Finale

Pause und Action

Sie haben jetzt die ersten Erfahrungen mit WordPress gemacht und die Möglichkeiten des Systems getestet. Wahrscheinlich haben Sie versucht, zumindest das ein oder andere im Hinblick auf Ihre eigene Website einzusetzen. Manche haben sicher schon nach einem passenden Theme recherchiert und damit die ersten Gehversuche gemacht. Vielleicht sind Sie mit Ihrem Website-Projekt sogar bereits so weit fortgeschritten, dass es nur noch um das letzte Feintuning geht.

Vielleicht haben aber auch Art und Menge der gewonnenen Erkenntnisse dazu geführt, dass Sie überlegen, ob Ihre ursprünglichen Ideen noch für Ihr Anliegen stimmig sind. Wie auch immer Ihr aktueller Stand ist, ich empfehle Ihnen, eine kleine Denkpause einzulegen, bevor Sie nach der Lektüre dieses Buchs selbständig an Ihrem Projekt weiter arbeiten. Falls Sie zu Beginn experimentierfreudig direkt in die Testphase gesprungen sind, wäre jetzt eine gute Gelegenheit, die Planung mithilfe von Kapitel 1 nachzuholen. Wenn Sie schon zu Beginn wie empfohlen eine Grobplanung erstellt haben, können Sie prüfen, ob Ihre Vorstellungen noch passen und diese überarbeiten oder detaillierter formulieren. Dann lässt sich im Anschluss die Website flüssig ausarbeiten.

Die wichtigsten Aspekte aus Kapitel 1 noch einmal in Kurzform:

- **Zielgruppe:** An wen richtet sich die Website, was soll derjenige tun?
- **Fokus:** Was ist das Thema? Machen Sie einen Slogan.
- **Inhalte:** Was sind die konkreten Inhalte? Skizzieren Sie eine Sitemap.
- **Navigation:** Welche Menüs sind an welchen Positionen mit welchen Menüpunkten?
- **Blog:** ja/nein, mit/ohne Kommentarmöglichkeit

- **WordPress-Elemente:** Welche Elemente (Beiträge / Kategorien / Seiten / Widgets) wollen Sie wofür nutzen?
- **Sonderwünsche:** Welche Plugins für welche Spezialfunktionen?

Die Umsetzung im Fallbeispiel

Schauen wir uns an dem Beispiel aus Kapitel 1 einen möglichen Produktionsablauf an: M. Public, die sich als PR-Beraterin präsentieren will, überprüft zunächst Ihre bisherige Konzeption. Sie kommt zu dem Ergebnis, dass Zielgruppe, Fokus und Inhalte nach wie vor stimmig sind. Ihr Slogan lautet: »Flotte Worte für tolle Technik«. Sie wünscht sich ein WordPress-Theme mit vier Menü-Positionen:

- ein unauffälliges Top-Menü für die Punkte »Datenschutz«, »Impressum«, »Partner«
- ein horizontales, gut hervorgehobenes Hauptmenü mit »Profil«, »Angebot«, »Texte«, »Kontakt«
- ein Social Menü mit Symbol-Links zu ihren Präsenzen in FB, LinkedIn, Xing, Twitter
- ein Footer-Menü, das die Menüpunkte aus Top-Menü und Hauptmenü noch einmal aufnehmen kann.

Von der Idee eines Blogs hat M. Public sich verabschiedet, da sie keine zeitlichen Kapazitäten für die konstante Produktion von Beiträgen hat. Sie will aber trotzdem mit

Beiträgen arbeiten, und diese nutzen, um damit potenziellen Kunden vorhandene Beispieltexte zu zeigen. Sie sucht jetzt nach einem WordPress-Theme, das Beiträge entsprechend auf einer speziellen Startseite in einem Magazin-Stil anzeigen kann. Dadurch bekommt ihre Website einen lebendig wirkenden Blog-Charakter, und wenn sie von Zeit zu Zeit doch neue Texte schreibt, lassen sich diese leicht in das System integrieren. Ihre Kategorien für diese Textbeiträge sind aktuell: Automobil, Robotik, Baumaschinen. Alle anderen Inhalte will sie in Form von Seiten gestalten.

Sie will möglichen Kunden eine einfache Kontaktaufnahme mit einer »Instant Call«-Kontaktleiste ermöglichen, die entweder bereits im Theme integriert ist oder mit einem Plugin (z. B. »Contact us all-in-one«) realisiert wird. Außerdem muss die Möglichkeit bestehen, Farben und Schriften im Theme flexibel anzupassen, sowie ihr Logo zu integrieren.

Anhand dieser Vorgaben hat M. Public drei verschiedene Themes zum Testen ausgewählt und geht nun wie folgt vor:

- **Installation** von WordPress.
- Festlegen der wichtigsten **Grundeinstellungen** (Ausschluss von Kommentaren, Einstellung von Permalinks etc., siehe Kapitel 3).
- Installation eines Maintenance-Plugins, um die Website im **Wartungsmodus** zu zeigen.

- Anlage der einzelnen **Seiten** »Kontakt«, »Partner«, »Profil«, »Angebot«, sowie »Datenschutz« und »Impressum«, wobei die Inhalte der beiden letzteren auf einer Seite eingefügt werden.
- Anlage einer **Startseite** »Start«, Änderung der Einstellung der Startseite von »Letzte Beiträge« auf »Statische Seite«.
- Anlage der **Kategorien** »Automobil«, »Robotik«, »Baumaschinen«.
- Erstellen von 6 **Beiträgen** pro Kategorie anhand bereits existierender Texte.
- Anlage der vier gewünschten **Menüs**.
- Installation der drei zu testenden **Themes**.
- Aktivierung und Testen der Funktionalitäten der drei Themes. Konfiguration der Startseite. **Auswahl eines Themes**, Erwerb einer Pro-Lizenz.
- Installation weiterer erforderlicher **Plugins**, darunter ein Sicherheits-Plugin und ein Cookie-Hinweis-Plugin. Einstellung der Plugins.
- Ausarbeitung einzelner Aspekte des ausgewählten Themes, **Ausgestaltung** der Beiträge und Seiten, Farben und Schriften im Customizer.
- **Abschalten des Wartungsmodus**-Plugins.
- **Testen** in Browsern und auf mobilen Geräten.
- Öffnen einer Flasche **Crémant**. ;-)

Goodies

Hat Ihnen etwas gefehlt? Lassen Sie es mich wissen. Hat Ihnen das Buch gefallen? Geholfen? Dann freue ich mich über eine Rezension. Vielen Dank!

Worauf man achten sollte – Pflege

Eine Website, egal ob man sie mit WordPress betreibt oder einem anderen System, ist eine Daueraufgabe. Sie müssen nicht nur Inhalte immer wieder ergänzen oder verändern, sondern auch die Entwicklung der Technik im Auge behalten. Das erfordert die Bereitschaft, sich zumindest überblicksmäßig auf dem Laufenden zu halten, Neues zu integrieren, Altes zu verwerfen, immer wieder dazu zu lernen.

Grundsätzlich sollten Sie alle vom System angezeigten erforderlichen Aktualisierungen zeitnah durchführen, sofern Sie nicht automatisch gemacht werden. Dies betrifft das WordPress-System selbst, das Theme und die einzelnen Plugins.

Bei größeren Updates sollten Sie vorher ein Daten-Backup machen, um Verluste zu vermeiden, am besten mithilfe eines Backup-Plugins (siehe Kapitel 7).

Wenn Sie Ihr Theme einmal wechseln, können sich das Layout und die Struktur der Website stark ändern, Menüpunkte tauchen an anderer Stelle auf oder sind zunächst ganz verschwunden. Dann heißt es auf die Suche gehen und mithilfe des Customizers die spezifischen Einstellmöglichkeiten des neuen Themes herausfinden. Hier ist es sinnvoll, vor einem Wechsel des Themes Screenshots des alten Layouts zu machen und zum Beispiel in einer Word-Datei abzuspeichern.

WordPress und Smartphone

Sie können Ihre Website übrigens auch mobil vom Smartphone oder Tablet aus mit Beiträgen füllen. Benutzen Sie dazu die App »WordPress« aus dem Google Play Store (Android) oder dem Apple Store (I-Phone).

Allgemeine Infoseiten und Theme-Anbieter

- **www.wordpress.org:**
  Hauptseite von WordPress, englisch
- **de.wordpress.org:**
  deutsche Version der Hauptseite,
  Download der aktuellen WordPress-Version
- **www.wpde.org:**
  deutsches Nutzer-Forum zu WordPress
  für Fragen und Austausch
- **de.wikipedia.org/wiki/WordPress:**
  historische Hintergrundinformation zu WordPress
- **www.denic.de:**
  zentrale Registrierungsstelle für DE-Domains
- **www.e-recht24.de:**
  Online-Generator für Impressumstexte u.Ä.
- **www.datenschutz-generator.de:**
  Online-Generator für Datenschutztexte

Theme-Anbieter

- www.elegantthemes.com
- www.themify.com
- www.themeforest.com
- www.themegrill.com
- www.elmastudio.de (deutsche Entwickler)

Hilfreiche Software

Die hier aufgeführten Hersteller, Programme und Internetseiten stellen eine rein subjektive und unvollständige Auswahl dar.

- **FTP-Programm:**
  Filezilla (zum manuellen Hochladen von Dateien auf den Webspace)
  www.filezilla-project.org
  oder www.filezilla.de (deutscher Ableger)
- **Programme zur Bildbearbeitung:**
  Tinypic (deutsch)
  www.efpage.de/Tinypic.html
  Faststone
  www.faststone.org/FSResizerDetail.htm
  Irfanview (deutsch)
  www.irfanview.com
  Gimp
  www.gimp.org
- **Bildverkleinerung online im Browser:**
  www.fotosverkleinern.de
- **Programm zur Video- und Musikoptimierung:**
  Freemake Video Converter
  www.freemake.com
- **Verschiedene nützliche Software:**
  www.heise.de/download

Bilddatenbanken

Die hier erwähnten Bilddatenbanken verwenden verschiedene Lizenzmodelle für die Verwendung des Bildmaterials - bitte prüfen Sie diese für Ihr Website-Projekt im Einzelfall nach.

- www.pixabay.com
- www.pexels.com
- www.unsplash.com
- www.stocksnap.io
- www.openphoto.net
- www.pickupimage.com
- www.realisticshots.com
- www.splitshire.com
- www.libreshot.com
- www.commons.wikimedia.org

Impressum

Herausgeberin:

Maria Bogler
Saargemünder Straße 62A
D-66119 Saarbrücken

www.mariabest.de
mail@mariabest.de

ISBN: 9781708959845

Druck des Paperbacks: KDP Amazon Europe
2. Auflage Januar 2020

Bibliografische Information der Deutschen Nationalbibliothek:

Die Deutsche Nationalbibliothek verzeichnet diese Publikation in der Deutschen Nationalbibliografie; detaillierte bibliografische Daten sind im Internet über http://dnb.d-nb.de abrufbar.